구약성서와 오늘 I

우택주 지음

침례신학대학교 출판부

추천사

기독교인들은 구약에 관한 책이 나오면 으레 말이 많다. 그 주된 이유는 구약이 신약을 가리키는 그림자에 관한 이야기라는 믿음에 놓여 있다. 그림자 자체를 놓고 이렇게 저렇게 말할 수는 있지만 일단 그림자의 실재가 드러나면 그동안 하던 이야기를 수정해야 한다. 그것이 구약성경의 본질적 성격이다.

저자인 우택주교수는 구약학교수로서 구약과 신약을 연결시키는 명수라고 불러야 마땅하다. 그는 철저하게 구약적 기반 위에서 신약을 바라보는 자기 위치를 고수하는 교수이다. 구약적 입장에서 구약 이야기를 하고 그러면서도 신약의 실재를 비쳐주고 있기 때문이다. 그런 의미에서 왼손에는 구약을 오른 손에는 신약을 들고 있으면서 이야기의 시발은 구약에서 찾고 신약에서는 결론을 내리는 방식으로 성경을 해석하는 아주 보수적인 신학자로 여겨진다. 혹시 누군가가 저자를 폄하하여 '19세기 자유주의 신학자'라고 부른다면 그것은 얼토당토 않는 말이고 결코 진실을 바라보지 못하고 하는 말이다.

대체로 구약학 교수들의 약점은 그림자에게만 집중하고 그 그림자가 가리키는 실재에는 등한히 하는 경향이 있는데 우택주 교수의 글에는 이런 약점을 찾아 볼 수 없다. 그렇지만 구약의 그림자에 대한 설명이 상세하다 보니 아예 그림자를 무시하고 실재에만 매달려 있는 사람들이 보기에는 오해나 비평이 나올 만도 할 것이다. 그러나 저자는 그까짓 정도의 잡음에 개의치 않고 용감하게 구약적 상황에서 복음을 선포하고 있다. 지금이 신약시대인데 말이다.

본인이 본서를 추천하는 데에는 몇 가지 이유가 있다. 첫째로 이 책은 구약과 신약의 관계를 균형 있게 맺어주고 있기 때문이다. 저자는 "그래서 위와 같은 오해와 편견을 불식시키고 구약성경의 가르침을 오늘의 현실과 연결시키고 싶었다. 그래서 심화된 구약성경의 가르침을 우리 신앙인들의 마음에 담고 살게 할 목적으로 이 글을 쓰게 되었다."고 말하고 있지 않은가. 그런 목적이 이 책을 통해 우리 안에 실현될 것을 믿어 의심치 않는다. 둘째로 이 책은 구약성경의 모든 이야기의 마지막 초점을 신약의 교회라는 사실에 강조점을 두고 있기 때문이다. 구약의 이야기는 신약의 교회 이야기이며 구약의 그림자의 본체는 신약의 교회이다. 그런데 어찌된 이유인지 오늘날은 교회를 잃어버린 채 구약 이야기만 늘어놓는 경우가 허다하다. 이 책은 이런 결점을 온전히 탈피하고 있어서 반갑다. 가령 에스겔서를 설명할 때 저자는 에스겔 골짜기의 마른 뼈 환상에서 그것들이 살아나서 군대를 형성하는 과정을 오늘날 죽어가는 교회의 부흥장면과 연결시키는 점을 들 수 있다. 셋째로 저자는 그의 신앙생활 초창기에 본인이 번역한 책 「하나님의 구원계획」(루이스 탈보트 저)을 읽고 나름대로 큰 은혜를 받았다는 대화를 나눈 적 있다. 얼마 전 이제 장성하고 성숙한 학자가 된 저자가 자신의 글에 추천사를 써 달라는 부탁을 해 왔다. 본인은 추천하는 글을 쓰는 일이 영광스럽기도 하거니와 저자의 열정에 조금이나마 보답하려는 마음을 갖고 아주 기분 좋게 수락하였다.

독자들에게 당부하고픈 말이 있다. 선입관을 버리고 탁 열린 마음으로 이 책을 대하기를 바란다. 그러면 상상을 초월하는 축복을 누릴 수 있을 것이다. 그리고 구약과 신약의 관계에 대한 또 하나의 새로운 한 줄기 빛을 보게 될 것을 확신한다. 폐일언하고 이상의 이유로 이 책을 아주 기쁜 마음으로 추천하는 바이다.

2009. 4. 23 권 혁 봉

(전 침례신학대학교 교수, 수도침례신학대학 학장)

추천사

구약성서와 현실을 연결하는 가교가 되기를

신학의 여러 분야는 각각의 기능과 고유한 연구방법을 가진다. 성서신학과 조직신학(또는 敎義學)은 넓은 의미에서 같은 "신학" 분야에 속하면서도 연구 방법이 서로 다르다. 성서신학의 주된 연구방법은 성경 각 책의 저자와 본문, 인물의 실재성 및 사건의 시대적 배경 등을 분석하는 것인 반면에, 조직신학의 연구 방법은 성서신학의 연구결과를 종합해서 체계화하는 것이라 할 수 있다. 조직신학이 교리를 다루면서도 성서신학에 비해 신학적 논쟁이 적은 것은 아마 이와 같은 학문의 방법의 차이 때문이 아닐까 생각된다.

조직신학은 성경을 체계적으로 가르친다는 기본적 의무 외에 부가적인 기능을 가지고 있으니, 그것은 이단과 사이비를 가려내는 기능과 이단과 사이비로 오해받는 이들을 변증하는 기능이다. 신학자들에게는, 왜 이단을 옹호하느냐 하는 비난과 무슨 근거로 이단이라고 정죄 하느냐 하는 항변은 피하기 어려운 시련이라고 생각된다. 학자로서 다른 사람의 학문의 방법이나 경향성을 말할 때는 먼저 그의 학문을 존중하고 이해하는 것이 선결요건이라 하겠다. 학자는 어떤 경우에도 타당한 근거도 없이 다른 사람의 학문을 정통이니 비정통이니, 근본주의니 자유주의니 하며 쉽게 비판하거나 폄하해서는 안 될 것이다.

몇 년 전에는 한 유학자가 느닷없이 예수의 생애와 신학에 대한 책을 펴내어 우리를 당황하게 한 일이 있었다. 학문이란 그것을 안고 평생을 씨름하는 것이지, 책 한 아름 안고 산사에 들어가서 몇 달 동안 두문불출하며 독파하고 나서 그것을 종합해서 책 한 두 권 내놓고 내노라 해서 될 일이 아니라는 말이다. 무릇 학문하는 이들은, 학자의 요건에는 겸손이 우선적 요소라는 사실을 명심해야 할 것이다.

이 책은 우택주 교수가 지난 2년 가까이 매 주 침례신문에 게재한 "우택주 교수의 구약성서와 오늘"을 묶은 것이다. 추천자는 그동안 거의 빠짐없이 우교수의 글(칼럼)을 읽으면서 이 글들이 비단 자신의 신학에 대한 변증뿐 아니라 성경과 신앙에 대한 자신의 신학적 입장을 명백히 한 글이라고 생각 했다. 이 책에는 포함되지 않았지만 저자가 최근에 발표한 "기후변동과 성서해석"에서는 자신의 신학이 신본주의에 근거하고 있음을 분명하게 천명하였다. 독자는, 자자가 머리말에서, 이 글을 침례신문에 발표한 중요한 동기 중 하나가 자신의 신학에 대한 오해와 부당한 비평을 해명하려는 것이었다고 밝힌 점을 주목해야 할 것이다.

비판적 사고와 편견의 근원은 타고난 인간성 때문이라기보다는 편중된 교육에 기인하는 것 같다. 추천자가 교수 생활을 시작할 당시 한국에는 정규 신학대학원 과정이 없었고, 비정규 과정이 있기는 했으나 대부분 학생들이 대학을 졸업한 후 대학원에 진학하지 않고 2-3년간의 목회실습을 거쳐 바로 목사 안수를 받는 길을 선택했다. 우리 대학 학생들은 열심히 기도하고 학업에 정진 했으며 목회와 선교에 대한 열정 또한 대단했으나, 한 가지 염려는 그들은 자신이 가진 것과 알고 있는 것에 대해서는 집착하는 반면에 새로운 것과 다른 것에 대해서는 지나치게 거부감을 나타내는 경향이 있다는 점이었다.

추천자는, 학생들을 영성과 지성을 갖춘 균형 잡힌 인재로 양육하기 위해서는 폭넓은 독서가 필요하다고 생각하고, 매학기 학생들에게 부과하는 열 권 이상의 조직신학 과제물 중에 대만 출신 신학자 송천성의 「아시아의 고난과 신학」, 수도사 신학자 토마스 머튼의 「성서의 문을 여는 마음」 및 버트란드 러셀의 「나는 왜 기독교인이 아닌가」 등의 책을 포함시켜서 읽은 후에 요약해내도록 하였다. 새 학기가 시작되자마자 신학대학에서 왜 그런 불온서적을 읽게 하느냐는 질타와 항변이 들어오기 시작했다. 나는 항변하는 이들에게, 학생들이 재학 시에 폭넓게 독서 하고 건전한 비평을 수용하며, 또 비평하는 방법을 익히지 않으면 언제 그럴 기회가 있겠느냐, 예방주사로 이해해야 한다고 설득하였다.

추천자는, 앞서 말한 바와 같이, 폭넓은 독서가 전인적 인격을 도야하고 편견을 제거하며 성경 말씀을 예언적으로 해석하고 목회적으로 적용하는데 유익한 처방이 될 것이라고 생각했다. 「우택주 교수의 구약성서와 오늘」은, 저자의 신학에 대한 변증이나 오해 해소 차원을 넘어, 저자가 머리말에서 언급한 바, 이 책이 구약성서의 가르침을 오늘의 현실과 연결시킬 수 있는 가교가 될 것이다. 이 책은 평이한 문체로 쓰였으나 고대 사회와 오늘의 현실 사이의 간격을 좁힐 수 있는 지혜와 통찰력을 제공해주는 책이 되리라 믿는다. 이 책에 수록된 예순 한 편의 신학적 에세이가 독자들을 심오한 구약성서 세계로 인도하여 그들이 우리 시대에 주시는 하나님의 생생한 메시지를 발견하기 바란다.

2009년 4월 25일

침례신학대학교 총장 도 한 호

추천사

우택주 교수님은 신학자들 가운데 제가 가장 존경하는 분 중에 한 분입니다. 우교수님은 구약, 특히 예언서 연구에서 탁월하시며, 말씀을 연구하고 또한 그것의 현대적인 적용점을 제시하면서 메시지로 이어가는 능력 또한 매우 탁월하십니다. 그래서 신학자이면서 목사로서도 손색이 없는 분입니다.

신학교시절 나와 함께 교단의 미래를 고민하고 기도하며 이야기를 나누던 우교수님과의 추억의 시간이 생각나서인지 침례신문에 2년여 연재되었던 주옥같은 글들을 모아 단행본으로 출간하는 것이 매우 반갑습니다. 교수님의 풍부하고 해박한 복음적인 신학 지식에서 나온 글들이 목회자인 우리에게 잊혀졌던 부분들을 성찰하게 만들고 더욱 설교와 목회 사역을 유익하게 만들고 있음에 감사합니다. 교수님은 밤새워 연구하는 신학자였을 뿐만 아니라, 늘 정직하고 의로운 가운데에서도 늘 여유롭고 동료 교수나 학생들 그리고 교단의 목회자들에게까지도 참으로 친절한 교수였기 때문에 그의 글에서 품어져 나오는 구절마다 은혜로 다가오는 것입니다.

이 책은 신학교를 떠난 지 오래된 목회자들의 재교육 관점에서도 유익을 줍니다. 나는 최근에 신문에 게재된 성서 비평을 읽으면서 성서를 해석하는 새로운 안목을 볼 수 있어서 개인적으로 유익했습니다. 또한 2007년에 처음 글을 신문에 게재할 때 구약 성서를 통해서 우리가 영적인 리더로서 갖추어야 할 여러 요소들을 잘 집어주고 있으며, 때로는 가시와 같은 찔림을 주기도 했던 것도 기억합니다.

또한 우교수님은 전세계적인 정치와 경제의 위기보다 더욱 우리가 민감하여야 할 부분은 바로 한국의 미래 목회뿐만 아니라 세계 복음 선교의 막중한 사역을 감당할 차세대 리더를 발굴하고 훈련시키는 일이라고 말합니다. 이에 따라서 우교수님과 같은 복음적이고도 지혜로운 학자들이 무거운 사명감을 지니고 교수 사역을 감당하기를 소원하는 마음도 간절합니다.

대전 하기동 교수실에서 밤늦게까지 연구하며 기도하며 묵상한 가운데 집필하신 우교수님의 이 귀한 서적이 현장에서 고군분투하는 목회자뿐만 아니라, 하나님의 부르심에 고민하는 신학도들에게도 '내 길에 빛' 과 같은 보배가 되리라 확신합니다.

피 영 민 목사

(강남중앙침례교회, 전 침례신학대학교 역사신학 교수)

머리말

2008년 가을 학기에 이루어진 여러 강의 중 한 강의의 마지막 강의 시간이었다. 학생들에게 마음껏 질문할 시간을 주었다. 질문과 답변이 오고가는 동안 한 학생이 난처한 표정을 지으면서 질문을 해왔다. 필자의 강의를 잘 들었다. 그런데 목회자 사이에 오고가는 필자에 대한 얘기들이 그리 좋지 않은 것을 경험했다. 왜 그런 것인지 그리고 필자에 대해 자유주의 신학자라고 하는 말을 강의실 밖에서 종종 듣는데 이에 대한 필자의 입장이나 답변을 듣고 싶다는 것이다.

필자는 그런 질문을 공개적으로 던져주어서 고맙다는 말로 시작해서 이에 대한 필자의 속마음을 솔직히 털어놓았다. 먼저 필자를 좋지 않게 말하는 목회자들이 누군지는 모르지만 필자와 충분한 인격적 교제를 나누지 않은 사람들임에 틀림없다. 관계가 좋으면 나쁜 말을 안 할 것이다. 지난 몇 년 사이에 우리 학교에서 일어난 일을 중심으로 필자가 "정의"를 외치면서 강경발언을 그치지 않았기 때문에 아마 필자가 던진 말들에 직접이든 간접이든 상처를 받은 사람들일 가능성이 많다. 그리고 필자를 자유주의 신학자라고 부르는 것은 시대착오적인 어법이다. 필자는 19세기에 유행했던 자유주의 신학사상을 펼치는 19세기의 인물이 아니다. 필자는 자유주의 신학의 기여와 그 단점을 명백히 분간하고 있다. 필자는 그런 사상에 매료된 적이 없다. 필자의 스승 가운데 그런 사상을 가르친 사람도 없다. 필자는 21세기를 살아가고 있는 사람이며 활발한 성서 연구에 기초하여 이 시대에 교회의 역할을 깊이 묵상하고 올바로 나갈 방향을 제시해 왔으며 스스로 가장 복음적이라고 확신하고 있는 성서학자이다. 그리고 이 시대에 어느 학자를 '자유주의 신학자'라고 부를 때 그 말은 우리나라에서 70년대 이후로 정부가 특정인을 용공분자로 매도할 때 사용하는 언어이다. 그런 말을 사용하는 경우 대개는 자신의 학문이나 신앙적 입장에 도전적인 가르침을 전하는 사람에게 은밀히 꺼내어 상대의 심장을 향해 던지는 자객의 암기와 같은 것이다. 만일 교내의 교수들이 필자를 그렇게 평가했다면 그는 아마도 신학이든 신앙이든 성숙치 못한 사람임에 틀림없다. 필자가 교내의 교수들 가운데 신학을 함께 논했던 사람들은 세 손가락을 꼽을 정도이며 그들은 아무도 필자에게 그런 말을 하지 않는다. 만약 필자의 신학에 이의가 있다면 먼저 개인적으로 찾아와 자신이 가진 의혹을 해소하기 위해 성실히 대화를 청하는 자세가 온당한 일이다. 그렇지 않은 사람이 그런 말을 내뱉는다면 그러한 말을 신뢰할 가치가 있겠는가?

나름 뿌듯했다. 필자도 모르게 필자의 가르침을 둘러싸고 펼쳐진 의혹들을 학생들 앞에서 해소할 수 있는 기회를 공개적으로 갖게 되어서 말이다. 이 일은 그동안 필자가 겪은 유감스러운 실례 중 하나에 불과하다. 많은 오해를 받아 왔지만 필자는 줄기차게 변함없는 자세와 신념을 갖고 학생들에게 구약성서의 의미의 그 풍성함을 가르쳐왔다. 필자를 참으로 안타깝게 만드는 것은 이런 근거 없는 폄하와 비방 자체가 아니라 그런 사람들이 보여주는 구약성서의 가르침에 대한 지극히 얄팍한 생각들이다. 결국 위와 같은 얘기들은 성서가 가르치는 진리에 대한 깊지 못한 생각들에서 비롯된 것이라고 판단하기 때문이다.

그래서 위와 같은 오해와 편견을 불식시키고 구약성서의 가르침을 오늘의 현실과 연결시키고 싶었다. 그래서 심화된 구약성서의 가르침을 우리 신앙인들의 마음에 담고 살게 할 목적으로 이 글을 쓰게 되었다. 이 책은 기독교한국침례회의 유일한 주간지 「침례신문」의 <우택주 교수의 구약성서와 오늘>에 필자가 2007년 8월초부터 2008년 말까지 거의 매주 연재한 글들을 모아서 펴낸 것이다. 이 글들을 쓰면서 때로는 교회력을 염두에 둔 적도 있고 때로는 교계와 학계 그리고 우리 사회에서 벌어지는 여러 가지 현실들을 염두에 두고 쓴 적도 있다. 동시에 구약성서 각 권을 처음부터 끝까지 전부는 아니지만 대부분의 성서 각 권의 주요 사상과 가르침을 개괄적으로 해설하려고 애썼다.

이 책에 실린 글들은 침례신문에 인쇄된 글을 그대로 혹은 오자를 수정하거나 필요한 경우 내용의 일부를 조금씩 덧붙여서 설명력을 보강하였다. 각 글은 한 자리에 앉아 5-10분 정도만 소모하면 읽을 수 있을 정도로 아주 짧다.

도중에 다섯 차례에 걸쳐 집중적으로 "구약성서의 역사이해"를 도모하려고 했는데 그 까닭은 구약성서를 이해하는데 고대 이스라엘 백성의 역사가 필수적인 지식이라 믿었기 때문이다. 여기에 대해서 조금 덧붙이자면 필자는 성서의 역사적 이해 혹은 역사비평적 이해를 가장 기본적인 성서 해석 방식으로 천명하고 있는 사람이다. 이와 같은 주장이 때로는 개인의 신변에 상당한 위험을 초래할 줄 알지만 그럼에도 불구하고 필자는 성서의 역사를 모르고서는 살아계신 하나님이 역사 속에 들어와 구원을 펼치셨고 앞으로도 그러실 것이라는 우리의 가장 근본적인 신앙고백이 이치에 어긋난 부조리한 주장에 불과한 것이라고 굳게 믿기 때문이다. 아마도 다음 책(「구약성서와 오늘」, 2권)에서는 성서를 이해하는 원리 혹은 성서를 비평적으로 읽는 방식에 대해서 설명할 기회를 갖게 될 것이므로 이 문제는 이쯤에서 접으려고 한다.

필자는 독자들이 이 책을 통해서 구약성서의 가르침에 대한 아주 기초적인 이해를 쌓고 그것을 정당한 방식으로 묵상하는 방법을 학습하기를 희망하고 있다. 성서통독과 같은 유용한 프로그램이 많이 성행하고 있지만 정작 독자들이 성서의 의미 세계를 심화시킬 기회는 그다지 많지 않으며, 또 그런 기회를 갖기란 여간 어렵지 않은 것이 현실이다. 필자는 이 글들을 쓸 때 평신도는 물론이고 신학생 그리고 특별히 목회자들을 염두에 두었다. 매주 한 편씩 읽는다면 평신도와 신학생들은 구약성서에 대한 개괄적 이해를 갖게 될 것이고 목회자라면 설교를 준비하는데 조금이나마 도움을 받을 수 있을 것이다. 더욱이 일단 성서의 의미 세계에 맛을 들이면 평신도든 목회자든 그들의 설교와 목회 그리고 신앙인의 삶이 요즘처럼 기대에 못 미치는 현상 같은 것은 조금씩 개선되어갈 수 있을 것이라는 소박한 희망도 갖고 있다. 이 말은 필자의 글에 대한 오만과 자부심에서 나온 말이 아니라 성서에서 진리를 말씀하시는 하나님과 그 분의 능력과 사랑에 대한 흔들리지 않는 신뢰감 때문에 고백하는 말이다. 아울러 서두에서 언급한 것과 같은 필자에 대해 가졌던 오해와 신학적 편견도 깨끗이 사라지길 바란다. 이에 대해서는 독자들이 읽고 올바로 판단해줄 것으로 믿는다.

목회자들에게는 한 가지 양해를 구할 말씀이 있다. 성서 연구를 할 때 필자가 언제나 염두에 두고 있는 부분이 곧 목회자의 리더십이다. 한국 교회의 현재와 미래는 전적으로 목회자에게 달려 있다고 믿기 때문에 필자는 이 글들에서 종종 목회자와 교회를 질타하는 경향이 있는 내용을 쓴 것이 사실이다. 그러나 한편 생각하면 이로 인해 상처를 받는 분이 있지 않을까 염려하지 않는 바가 아니다. 이는 특정인을 염두에 둔 것이 아니라 성서를 묵상하면서 목사인 필자 자신에게 질타하는 마음으로 쓴 글이며 교회가 그 아름다움으로 칭찬받기를 염원하는 마음 때문이라는 사실을 밝혀 둔다. 성서 연구란 그 어떤 누구를 향한 것이라기보다는 궁극적으로 오직 자기 자신의 신앙적 각성과 성숙을 겨냥하고 있다는 것이 필자의 신학적 지론임도 강조해 두고 싶다.

끝으로 이 책을 펴내는 데 있어서 깊이 감사를 드려야 할 분들이 있다. 무엇보다도 먼저 앞서 잠시 언급한 것과 같은 필자의 형편과 사정을 안타깝게 여기고 믿음에 기초한 복음적인 글을 써서 필자의 입장을 공개하는 것이 좋겠다고 조언을 해주시고 침례신문을 소개해주신 분은 동료교수인 김선배 교수님이시다. 그 분의 조언과 도움이 아니었다면 필자가 이 글들을 쓸 기회는 어쩌면 평생토록 갖지 못했을 수도 있다. 김 교수님은 일부 교단 목회자들의 생각을 불식시키기 위해서라도 아주 복음적인 글을 그것도 아주 조심스럽게 써보라고 권유하셨다. 마음을 단단히 먹고 한두 차례 글을 쓰는 도중에 필자는 김 교수님에게 찾아가 나 자신의 신학적 성향을 감추거나 미화하여 자신을 속이는 글은 도저히 쓸 수 없다고 고백하였다. 그래서 필자가 다른 곳들에서 글을 쓰던 습성대로 다년간 성서연구를 통해 이미 해득한 내용을 중심으로 솔직하고 편한 마음으로 글을 계속 쓰기 시작했다. 김 교수님은 몇 차례 쓴 필자의 글이 아주 복음적이며 많은 은혜를 받는다고 진정어린 격려를 아끼지 않으셨다. 진심으로 이 지면을 통해 깊은 감사의 말씀을 드린다. 침례신문사 사장이신 신철모 목사님께도 깊은 감사를 드린다. 글을 쓰기 전에 나눈 몇 차례 전화 통화를 통해 필자의 입장을 염려해주시고 지면으로나마 필자의 신앙과 삶이 담긴 구약성서 해설을 하도록 허락해주셨고 그 이후 오늘날까지 묵묵히 참아 주셨기 때문이다. 아직껏 필자의 걱정은 쉽사리 사라지지 않고 있다. 독자들의 반응이 내내 궁금하기 때문이다. 그런데 글을 쓰고 나서 몇 회가 지나지 않아 예쁜 그림엽서 한 통이 날아 들어왔다. 일찍이 우리 신학대학 교수를 역임하셨고 지금은 교단의 어른이신 권혁봉 박사님께서 보내신 것이었다. 레위기에 관한 필자의 짧은 담론에 아주 은혜를 받아서 그 내용으로 집회 때마다 설교를 하신다는 칭찬의 말씀이 기록되어 있었다. 참으로 감사한 일이 아닐 수 없다. 침례신문사의 최치영 부장님도 글이 계속되자 자기의 아내가 필자가 쓴 글의 팬이 되었다는 말을 전하면서 내 글을 "언제나 항상 기다립니다"는 말씀으로 고마운 격려를 아끼지 않으셨다. 두 분께 진심으로 감사를 드린다. 아울러 매주 거르지 않고 원고를 재촉하고 마감시간까지 기다려주시는 침례신문사 최성주 차장님께도 감사드립니다. 이후 제자들이나 주위의 안면이 있는 목회자에게서도 아직까지는 부정적인 반응을 들은 적이 없다. 필자가 이런 반응을 공개하는 까닭은 이 글을 자랑하기 위해서가 아니라 이와 같은 반응들과 격려가 필자에게 촌각의 경각심이라도 잃지 않게 해주는 각성제가 되고 있다는 사실을 알리고 싶어서이다. 그리고 이 분들과 아울러 수많은 익명의 독자들에게 크게 감사를 드리려는 것이다.

끝으로 매주 글을 쓰기 위해 긴장하며 지내는 필자에게 언제나 여유와 웃음 그리고 새로운 생각으로 이끌어주는 동료교수들과 제자 그리고 글 전체를 읽기 쉽게 다듬어준 아내와 사랑하는 모든 사람들에게 깊은 감사의 말을 전한다. 모쪼록 한국 교회의 목회자와 신학생 그리고 평신도들이 이 책을 읽고 구약성서에 대한 이해를 한 단계 더 심화시키고 많은 영적 유익을 얻을 수 있기만을 바랄 뿐이다.

2009년 꽃 피는 봄

우 택 주

목 차

1. 두 번째로 읽을 구약성서

구약성서를 어떻게 읽어야 하는가? 대단히 중요한 질문이다. 여기서부터 많은 곡해가 발생하기 때문이다. 간단히 말하자면 먼저 구약에서 신약으로 읽어 가면서 예수 그리스도를 발견하는 읽기를 시작한다. 그렇게 해서 예수를 주로 고백하고 나면 다시 구약을 새로운 마음가짐으로 읽어야 한다. 이것이 구약의 두 번째 읽기이다. 이 읽기는 고대 이스라엘 민족의 역사와 삶 속에서 우러나온 하나님의 말씀을 마치 우리 그리스도인이 살아갈 때 겪게 되는 온갖 문제에 대한 현재적 해법과 필수적인 가르침으로 읽게 해 준다(실은 우리 대부분이 어느 정도 이런 읽기를 이미 하고 있다!).

이 두 가지 형태의 읽기는 조금 더 설명이 필요하다. 구약성서의 일차적 읽기는 기독교의 핵심 교리를 말씀에서 찾거나 대입해서 읽는다. 기독교 교리의 확증을 위해 읽는 것이다. 이 방식은 신앙을 확증시켜 주는 장점이 있음에도 불구하고 알게 모르게 수많은 성서 구절의 의미를 무시하고 넘어가기 쉽게 만들고 또 대답하기 어려운 불필요한 질문도 만들어 낸다. 이를테면 하나님의 예지예정이나 전지전능하심의 교리를 믿고 구약성서의 처음 몇 페이지를 읽다 보면 하나님이 후회하셨다는 구절(창 6장)을 접하게 될 때 난처해진다. 이 구절은 앞의 교리와 합치하지 않기 때문이다. 이 구절은 모든 것을 이미 알고 행하셨을 하나님이 왜 이제야 후회하실까 하는 의구심을 만든다. 이와 달리 구약성서의 이차적 읽기는 하나님이 스스로 말씀하시도록 하는 방식으로서, 문법적이며 역사적인 의미에 주의를 기울여 읽는 방식이다. 교리 체계에 비추어 읽는 일차적 방식이 씨앗이라면 이차적 구약 읽기는 초목의 줄기에 비유할 수 있다. 지금껏 교리를 학습해 왔으므로 이제부터는 이차적 구약 읽기 연습이 필요하다. 예수를 주와 그리스도로 고백한 우리들의 과제는 실제적 삶 속에서 어떤 신앙의 열매를 맺으며 살 것인가 하는 중차대한 과제를 안고 살아가고 있다. 이 과제를 적절하게 수행하기 위해서라면 구약성서의 이차적 읽기가 우리에게 신앙적 가르침과 자양분을 넉넉히 제공해주는 방법이 될 것이다.

이차적 구약성서 읽기의 실례를 들어보자. 창세기 3장에는 선악과를 따먹은 아담과 하와가 무화과 나뭇잎을 엮어 치마를 해 입었는데 나중에 하나님은 그것 대신에 가죽옷을 지어 입혀주었다는 구절이 나온다. 이 가죽옷에 대한 보편적 읽기는 그것을 예수 그리스도의 대속적 죽음을 상징한다고 이해하는 것이다. 짐승을 죽여 피를 흘리고 가죽을 얻은 하나님의 행위를 예수 그리스도께서 십자가에 흘리신 대속의 보혈을 예고하고 있다고 보는 것이다. 은혜로운 읽기이다. 하지만 그것은 일차적 읽기에 속한다. 이차적 읽기는 이렇게 전개된다. 우선 재미있는 질문을 하나 해보자. 가죽이 꼭 짐승을 죽여야만 생기는가? 짐승이 스스로 죽어 남긴 가죽도 있을 수 있지 않은가? 그렇다면 짐승을 죽이지 않고도 가죽을 구할 가능성도 있는 셈이다. 그래서 이 구절에서 예수 그리스도의 구원의 상징을 찾는 일도 은혜롭겠지만, 이차적 구약 읽기를 하면 약간 새로운 의미를 발견할 수 있다. 무화과 나뭇잎은 인간이 자신의 죄와 허물의 결과를 가리기 위한 자기 구원의 방편을 뜻하고, 가죽옷은 하나님의 보호방편이라고 보는 방식이다. 이 두 가지 방식의 대조를 주목하고 묵상해보자. 인간의 덮개는 잎이 마르듯 일시적이다. 그러나 하나님의 덮개인 가죽옷은 지속적이다. 이 얼마나 은혜로운가? 더욱이 하나님이 지어주신 가죽옷이 인간의 죄와 허물의 덮개라면 더욱 심오한 은혜를 깨달을 수 있다. 여기서 우리는 하나님이 인간의 허물을 직시하고도 그것을 덮어주고 죄를 가려줄 만큼 긍휼이 풍성하신 분이라는 뜻을 발견할 수 있다. 아담과 하와를 에덴 동산에서 쫓아내는 징계의 현장 가운데서도 하나님은 은혜 베풀기를 결코 잊지 않으신다.

2. 하나님의 형상으로 사는 길

신구약성서에서 가장 중요한 내용을 담고 있는 책은 오경이다. 오경은 하나님 신앙의 기초와 표준을 제시하고 있기 때문이다. 예수 그리스도는 오경의 가르침을 완성한 역사상 유일무이한 실례이다. 오경의 처음 책 창세기는 세상의 시작과 믿음의 근본을 가르친다. 첫 번째 책 창세기 1장은 뜻밖에도 성서 신앙 전체를 푸는 열쇠를 갖고 있다. 여기서 세상 만물의 주인은 창조주 하나님이라고 천명한다. 하나님은 혼돈하고 공허하며 깊은 흑암으로 가득한 세상을 빛과 어둠으로 나누고, 윗물과 아랫물을 궁창으로 나누고, 바다와 육지를 나누며, 크고 작은 광명체(해, 달, 별)로 시간과 계절을 만들고, 식물과 동물과 사람을 지으시고 이 모든 것을 아름답게 보시고 복을 주셨다. 이제부터 모든 피조물은 각기 제 위치에서 제 기능을 하며 존재해야 한다.

사람은 "하나님의 형상과 모양대로" 지음을 받았다(창 1:26-27). 이 "하나님의 형상과 모양"이 무엇을 의미하는가? 영적 특성, 겉모습, 하나님과 교제하는 인격체, 지상의 하나님 대리자 등 여러 가지 해석이 있다. 그러나 창세기 1장은 인간의 구성적인 본질을 말하는데 관심이 있기보다 하나님이 하신 일에 대해 말하는 것에 더 중점을 두고 있다. 그래서 여기서 말하는 "하나님의 형상과 모양"이란 세상 창조 과정에 드러난 하나님의 행위를 고스란히 비춰주고 반영하는 삶을 살도록 지음 받았다는 뜻이다. 하나님이 하신 창조 행위를 반사하며 살도록 지음 받은 존재. 그것이 우리들이다.

그렇다면 하나님이 하신 창조 행위는 어떤 양상을 지니고 있는가? 하나님은 혼돈과 공허와 흑암을 바꾸어 질서 있게 나누고 분리시킨 후 생명을 창조하고 그 모든 피조세계가 조화를 이루는 평화로운 세상을 만드셨다. 그것은 참으로 아름다운 세상이었다. 우리가 할 일은 이 아름다운 세상을 유지하면서 사는 것이다. 즉, 이 세상의 혼돈과 공허와 흑암을 이기고 자연과 조화를 이루며 생명과 평화가 가득한 세상을 구현하는 삶을 살아야 한다. 이를 위해 하나님은 우리가 땅에서 생육하고 번성하는 축복과 땅을 정복하고 자연계를 다스리라는 명령을 주셨다. 여기서 정복은 혼돈으로 복귀하려는 온갖 세력을 제압하여 복종시키라는 뜻이고, 다스림은 하나님의 통치하심을 대신하라는 뜻이다. 여기에는 어떤 폭력도 어떤 전제 군주적이고 권위주의적 통치도 없다.

참으로 아름답게 지으신 세상을 보시고 하나님은 안식하셨다. 사람이 사는 궁극적인 목표는 하나님의 안식이 계속 유지되도록 사는 일이다(그것이 하나님의 영광을 위한 삶이다!). 또 그 하나님의 안식을 우리도 공유하며 살아야 한다. 만일 이 하나님의 안식이 깨어진다면 그것은 사람이 창조 당시에 받았던 이 본래적 사명을 잘못 수행했기 때문일 것이다. 하나님의 형상인 사람이 창조질서에 합당하게 사는 길은 이 세상에 하나님의 질서를 세우고, 모든 피조계(자연과 사람, 사람과 사람)가 조화를 이루도록 돌보며 그 안에 생명이 가득하고 평화가 충만하도록 애써서 하나님의 안식을 추구하는 일이다. 질서와 조화, 생명과 평화. 이것이 우리의 존재목적이고 과제이다. 예수 신앙의 궁극적 목표도 바로 여기에 있다. 이렇게 살 때 하나님의 안식이 우리 안에 가득해질 수 있고 하나님도 안식하실 수 있다. 여기서 벗어나거나 어긋나고 이것을 깨뜨리면 하나님의 개입이 불가피하게 될 것이다.

3. 죄, 하나님이 되려는 욕망

아담이 범죄 함으로 세상에 죄가 들어왔다. 로마서 5장에서 사도 바울이 한 말이다. 죄에서 구원받기가 성서읽기의 주요 관심사이다. 예수 구원의 출발점도 죄이다. 그러나 정작 죄란 무엇인가?

바울이 말한 죄. 최초의 인류 아담과 하와가 지은 죄의 본질은 한 마디로 피조물인 사람이 하나님처럼 되려는 욕망을 표출시켜서 나타나는 현상이다. 아담과 하와가 지음 받은 후 하나님께 들은 금지 명령은 선악과를 먹지 말라는 것이었다(그것을 지키는 일이 정의이다!). 먹는 날에는 죽을 것이라는 경고와 함께. 그런데 뱀이 하와를 유혹했다. 왜 금지한 줄 아냐고. 그것을 먹으면 사람이 하나님처럼 될까봐 그런 것이란다. 그 열매를 다시 쳐다보니 정말 먹음직하고 보암직하며 선과 악을 다 알게 해줄 만큼의 충동을 일으키는 열매로 보였다(뭐든 생각한대로 보이는 법이다!). 먹고 아담에게 주자 그도 주저 없이 먹었다. 그러나 그들이 삼킨 것은 죄였다. 그들이 채운 욕망은 하나님처럼 되는 것이었다. 마음대로 군림하고 싶어서. 과연 하나님이란 그렇게 행동하는 분인가? 여하튼 최초의 인류가 이렇게 표출한 욕심이 곧 하나님의 말씀과 질서를 어긴 죄이다.

가인의 죄는 동생 아벨을 살해한 행동에 국한되지 않는다. 그는 무례하게도 예배와 제물을 통해 하나님의 정의를 기만하고 하나님의 축복을 조종하려고 했던 것으로 이해된다. 하나님은 이를 간파하고 그의 제물을 받지 않으신 것이다. 계획이 수포로 돌아간 것을 알고 분개한 가인에게 하나님은 이렇게 말씀하신다(참으로 선하신 하나님이시다!). "네가 선을 행하면 어찌 낯을 들지 못하겠느냐 선을 행하지 아니하면 죄가 문에 엎드려 있느니라 죄가 너를 원하나 너는 죄를 다스릴지니라"(창 4:7). 반대로 동생 아벨은 믿음으로 예배를 드렸기에 하나님 앞에서 인정받았다. 아벨의 믿음이란 예배를 드리기 이전에 이미 살아온 선한 삶의 족적을 함축하는 말로 해석된다. 그러나 가인의 살인 행위란 그가 인간의 생사를 조정하는 하나님이 되고픈 욕망의 표시에 지나지 않는다.

라멕이 몸의 상처 때문에 사람들을 죽였다. 기가 막힐 일이다! 폭력의 참상이 다른데 있지 않다. 이 행위도 그가 하나님이란 것의 시위에 해당한다. 도대체 누가 하나님이란 말인가? 노아의 대홍수가 나서 인류가 파멸한 까닭은 이유 없이 피를 흘리는 폭력의 만연 때문이었다. 바벨탑 건축 현장에서 벌어진 언어 혼란의 기현상 역시 인간의 교만에 대한 하나님의 심판이었다. 사람이 다른 사람 위에서 군림하고 억압하고 짓밟을 때 더 이상 인류는 공존할 수 없다. 함께 행복하게 살 수 없는 사회는 바로 몇 사람들이 스스로 하나님으로 군림하려는 욕망 때문에 비롯된 것이라고밖에 말할 수 없을 것이다.

죄란 무엇인가? 그것은 우리 안에서 도사리고 있는 욕망. 하나님으로 군림하고 그 권세를 누리며 무소불휘의 힘을 행사하고픈 욕구. 죄는 심지어 하늘의 하나님마저 조종하고 싶어 한다. 교만, 기만, 음행, 폭력, 압제, 갈취 등 모든 죄가 여기서 파생된다. 이와 달리 예수님을 보라! 예수님은 그런 욕망을 포기하고 오히려 남을 위해 자신의 목숨을 내어주고 희생 당하는 삶을 사셨다. 그런 모습이야말로 참 하나님의 모습이 아니고 무엇이겠는가? 성령님도 우리 안에서 자기를 포기하라고 늘 고함치신다. 그런데 우리는 아무 대답도 하지 않는다. 회개가 멀리 떨어져 있는 남들에게 이루어질 일이 아니다. 우리 안에서 하나님처럼 되고픈 욕망들을 몰아내고 포기해야 비로소 진정으로 회개한 것이요 새로운 피조물(!)이 되어 그리스도 예수를 본받아 아름답게 살아갈 수 있다.

4. 권력의 길과 믿음의 길

하나님의 형상대로 지음 받은 사람에게 주신 하나님의 축복의 말씀은 우리가 이 세상에서 막강한 능력을 발휘할 수 있음과 동시에 지켜야 할 신성한 의무가 있음을 가르쳐준다. 그러나 이어지는 인류 최초의 역사적 경험 속에서 태고의 인류는 실패를 거듭했다. 아담과 하와는 에덴동산으로 압축된 세상의 질서를 지켜야 할 신성한 의무를 저버렸다. 선악과를 먹지 말라는 경고의 말씀을 어긴 것이다. 하나님 말씀을 믿고 순종하고 지켰더라면 저주와 악이 세상에 도래하지 않았을지 모른다. 또 그랬더라면 세상의 주권자가 누구이며 사람의 처지와 인생의 목표가 무엇인지 분명해서 이 세상이 여전히 아름다운 질서를 간직할 수 있었을 것이다. 첫 형제인 가인과 아벨 사이는 형의 동생 살인으로 끝났다. 형은 거룩한 예배의 자리에서 동생을 죽이려는 부당한 권력 의지를 다짐했기 때문이다. 라멕은 자기 몸의 상처를 견디지 못해 도리어 다른 사람을 죽이기까지 하였다.

이렇게 해서 생육하고 번성하며 세상을 다스리며 정복하는 축복의 길은 멀어지고 인류는 이제 자연의 힘 앞에 저주받고 쫓기는 나약한 존재들이 되었다. 한편으로 사람들은 도시를 세우며 기술 문명을 일구는데 성공하기도 하지만 그럴수록 행동과 생각은 더 포악해져 갔다. 권력의 근원이 누구에게 있는지를 무시하고 창조질서의 하나님에 대한 믿음을 망각했기 때문이었다. 홍수 심판에서 구원 받은 노아의 가족에게서도 이러한 악은 사라지지 않았다. 아들이 아버지를 흉보고 아버지는 그 아들을 저주하였다. 사람들은 이렇게 기회만 주어지면 어떤 형편이든 어떤 처지든 막론하고 자기에게 주어진 권력을 남용하곤 했다.

그렇다면 태초의 아름다운 세상 질서는 어떻게 회복될 수 있을까? 창세기 12장부터 50장까지 이어지는 아브라함, 이삭, 야곱 그리고 요셉의 이야기가 이 질문에 대한 해답이다. 그것은 생명의 하나님을 굳게 믿는 믿음의 길이다. 이제껏 권력을 남용 혹 악용하기에 익숙한 사람들이 그 권력을 포기하고 오로지 생명과 질서의 하나님을 믿는 믿음의 길에 선다면 아름다운 세상이 도래할 수 있다. 족장들의 이야기가 이 진리의 모범적 실례로 전개된다. 아브라함은 늙고 자식도 없으며 정착할 땅도 없었다. 그런 그에게 하나님은 땅과 자손을 약속한다. 아브라함은 무력을 사용하여 전쟁을 벌이지 않고도 아내의 묘지를 구입한다. 여종 하갈을 통해 후손을 얻지만 포기하고 자식을 낳을 수 없는 사라에게 기적적으로 낳은 이삭을 하나님의 약속의 성취로 받아들였다. 이삭은 번제로 아버지의 손에 죽음을 당할 극단적인 위기 가운데서 순종의 모범을 보여주었다. 하나님이 약속을 번복하지 않을 줄을 믿은 것이며 그래서 독자 이삭 대신 미리 번제할 짐승을 준비해 주실 것을 믿었기 때문이다. 야곱은 인간적 지혜로 삶을 개척할 가능성을 타진하지만 얍복강에서 하나님과 밤새 씨름하여 이길 정도로 오로지 하나님의 복 주심을 열망했다. 요셉은 가장 열악한 삶의 현실 속에서 선하신 하나님의 섭리가 이루어질 것을 굳게 믿었다.

모두 자기 지위와 신분이 제공하는 힘과 권력을 의지하기 보다는 그것의 한계를 깊이 깨닫고 하나님의 선한 약속의 말씀을 굳게 신뢰하면서 살아간 사람들의 이야기이다. 우리가 진정으로 하늘의 복을 누리기 원하고 아름다운 세상을 세워가기 바란다면 자신이 발휘할 수 있는 힘과 권력의 사용을 포기해야 한다. 족장 이야기는 두 가지 길 사이에서 방황하는 인류에게 명쾌한 해답을 제공한다. 권력의 길은 인간이 주도하여 실패로 끝날 것이고, 믿음의 길은 하나님께서 주도하여 성공과 행복을 맛보게 해 줄 것이다.

5. 섬김이 자유의 궁극적 목표이다

역사는 반복된다. 창세기에서 하나님처럼 되려는 권력욕을 표출했던 태고적 인류는 출애굽기에 등장하는 애굽의 바로를 통해서 다시 그 욕망을 구체적으로 드러내 보여준다. 애굽의 바로는 오로지 제국의 전쟁용 식량을 비축하는데 쓸 성을 쌓는데 수많은 히브리인을 강제로 동원시킨다. 말하자면 자기 집 창고 짓는데 지나가는 나그네를 붙잡아 강제로 일을 시키는 격이다. 노동에 대한 충분한 보상과 대가가 주어진다면 별 문제이다. 대가 없이 강제로 일을 시키고 작업환경마저 열악하기에 이것은 초법적 집단 고문인 것이다. 이렇게 까닭 없이 역경과 압제에 시달리는 사람들을 창조의 하나님이 방관하실 리 없다(이스라엘이 아닌 그 어느 민족이 이런 형편에 처한다 해도 구원역사를 펴실 분은 바로 우리 하나님이시다!).

아름답게 지은 세상을 생명과 정의와 공평의 거룩한 질서에 따라 잘 관리하도록 사람들에게 위임해두었더니 거꾸로 온통 포학과 부르짖음뿐인 세상(사 5:7)으로 만든 사람들을 하나님은 어떻게 처리하셨는가? 종살이로 압제 당하는 사람들을 구원하기 위해 하나님은 모세를 부르셨다. 하나님은 자신을 신으로 착각하는 바로에게 열 가지 재앙을 일으켜서 누가 참 하나님인지를 보여주셨다. 홍해 앞에 두려움에 떠는 백성들에게는 바다를 갈라 무질서와 혼돈의 세력을 제압하시는 하나님임을 보여주셨다. 구원의 하나님은 바로 이 세상을 창조하신

분임을 출애굽 역사 속에서 밝히신 것이다.

애굽 군주의 정치경제적 억압 속에서 해방되어 자유를 얻은 백성들은 광야를 지나 시내 산으로 인도되었고 그 곳에서 이들은 하나님과 언약을 맺는다. 이후부터 그들은 언약백성으로 살아야 한다. 언약백성이 살아갈 때 반드시 준수하고 지켜야 할 삶의 원리가 십계명에 압축되어 있다. 이어지는 언약법전(출 22-23장), 성결법전(레 17-26장), 신명기법전(신 12-26장)은 모두가 언약공동체가 지켜야 할 생활 원리를 담고 있다. 그것을 한 마디로 요약한다면 하나님 섬김과 세상 섬김이라고 말할 수 있다. 하나님을 올바로 섬기고 사람과 세상을 섬겨 이 세상이 아름답게 유지되도록 하려는 것이 출애굽 구원과 시내 산 언약체결의 궁극적 목표이다.

이스라엘 민족의 특별한 출애굽 구원경험은 세계 창조의 질서를 수립하기 위해 하나님이 일으키신 모범적 실례에 해당된다. 왜 여호와 하나님 외에 다른 신을 섬기지 말라고 하는가? 오직 여호와 하나님만이 참 하나님이며 창조자이며 구원 역사의 주관자이기 때문이다. 왜 우상을 섬기지 말라고 하는가? 우상은 인간의 자유와 창의성을 말살하기에 그렇다. 왜 하나님의 이름을 망령되이 일컫지 말라고 하는가? 종교의 권위란 오용되기 쉽기 때문이다. 왜 안식일을 준수하라고 하는가? 노동은 쉼과 치료를 필요로 하기 때문이고 노동이 창의적 생산활동이 아니라 반대로 사람을 고문하는 일이 되는 것을 막기 위해서이다. 나머지 금지명령들은 생명과 질서의 하나님을 경외한다면 자연스럽게 준수되어질 생활원칙이다. 가정의 질서를 지키고 이웃의 생명과 재산과 명예를 소중히 여기는 삶은 오직 하나님을 진정으로 사랑

해야만 가능하다.

그리스도 안에서 죄로부터 해방되고 자유를 얻은 우리는 이 원칙을 성실히 준수하며 살고 있는가? 그래서 우리 자신의 욕망과 관계없이 세상과 이웃 그리고 하나님을 진실하게 섬기고 있는가?

6. 하나님의 거룩한 임재와 통치를 보여주는 성막

출애굽의 구원을 경험한 백성들은 시내 산에서 여호와 하나님과 언약을 체결함으로써 이스라엘이라고 불리는 신앙공동체가 되었다. 구원받은 경험을 기초로 이들은 새로운 정체성을 갖고 거룩하게 살라는 명령을 받았고 그것을 지키기로 굳게 약속하였다. 시내 산에서 받은 율법은 구원을 받기 위해서가 아니라 이미 구원을 받았기에 그 구원의 주권자이신 하나님의 통치를 세상에 보여주기 위해 반드시 지키고 살아야 할 삶의 태도들이었다.

율법 외에 거룩한 백성으로 살아가게 해 주는 또 하나의 은혜로운 제도가 바로 성막이다. 성막은 이스라엘의 진영 한 가운데 설치했다가 다시 걷어서 이동할 수 있게 만든 천막이다. 성막이 거룩한 까닭은 단지 하나님이 거주하시기 때문만은 아니다. 성막을 거룩한 천막으로 삼고 그 안에 설치한 여러 가지 제의 기구들과 물건들을 거룩하게 보존하고 성막 밖의 이스라엘 백성의 진영 전체를 거룩하게 유지하고 보존하려는 까닭은 성막을 중심으로 존재하는 모든 것이 오로지 거룩한 하나님의 임재와 거룩한 통치를 증언하는데 사용되어야 하기 때문이다.

성막 안 지성소에 안치된 언약궤는 언약백성의 삶의 원칙인 십계명을 기록한 돌 판을 비치해둔 장소인데 그 원칙 자체가 거룩하다. 만일 그 원칙대로 살수만 있다면 그로써 하나님의 임재와 통치를 자연스레 보여주는 셈이 될 것이다. 이것을 지성소로 구별된 공간에 두고 제사장에게만 접근을 제한한 까닭은 그것이 지극히 소중함을 일깨워주기 위해서이다. 진설병은 하나님의 식사를 상징하지만 거꾸로 백성의 일상적 식사가 하나님도 잡수시는 거룩한 생명 공급원이란 의미도 가르쳐준다. 등잔의 불꽃은 하나님이 빛이 되어 어둠을 물리치고 세상을 정의와 공평으로 두루 감찰하심을, 분향단은 신앙인의 염원이 담긴 기도가 하나님께 전달되는 모습을 형상화한다. 번제단은 이곳에서 바쳐질 제물의 희생을 통해 신앙인이 스스로 신앙적 결단을 고백하는 장소이다. 물두멍은 세상적 오염을 방지하고 정결을 유지하도록 각성시켜준다. 휘장이나 기타 기구들 모두 앞서 말한 성물들의 거룩한 활용을 돕는 기능을 한다. 제사장의 의복조차 하나님의 거룩함, 신앙인의 정결함, 그리고 이 사명의 소중함을 일깨워주는 의미를 담고 있다.

또한 이 성막의 구조와 그 내용물 어느 것도 일반인들이 알 수 없는 비밀스럽거나 신비스런 것이 하나도 없다는 사실을 기억하자. 성막 건설의 지침은 신앙공동체가 드러내놓고 읽어야 할 성서에 소상히 기록되어 있기 때문이고 성막건설 작업에는 백성 모두가 동참하였기 때문에 성막에 관한 지식은 모두에게 공개되어 있었다. 그것은 소수만이 알아야 하는 은밀하거나 신비한 것이 아니다. 성막이 거룩한 장소가 되어야 하는 까닭은 이 세상 것과 구별하여 소중히 보존하고 지켜야 할 가르침을 담고 있기 때문이다.

신앙공동체가 지상에 존재하는 목적은 여호와 하나님이 거룩한 창조주 하나님이란 사실을 보여주는데 있다. 그리고 그것을 성취하는 방법은 오로지 신앙인이 살아가는 구체적인 삶의 모습을 통해서만 가능하다. 예수님이 보여주신 것과 같은 뜨겁고 진실한 인간애, 정의롭고 공평한 정신에 입각한 섬김과 봉사, 그리고 헌신적 희생이 아니고서는 하나님의 사랑과 정의로운 통치를 어떻게 증거 할 수 있겠는가? 오늘날의 교회는 이 성막과 동일한 기능과 역할을 수행한다. 만일 교회가 서로 원망하고 불평하여 다투며 또 이기적인 동기와 목적을 가지고 이 세상 앞에 폭력적이며 탐욕적으로 살아간다면 그런 모습으로는 결코 거룩한 하나님의 임재와 통치를 증거 할 수 없다. 오늘 우리는 어떤가?

7. 제사의 궁극적 목적

출애굽 공동체는 성막의 이동과 정지를 지시하는 하나님의 구름 기둥과 불기둥의 안내를 받으면서 목적지인 약속의 땅을 향해 여행하였다. 여행 중에 그리고 정착하면서 구성원들은 서로에게 혹은 하나님께 허물과 실수 그리고 의지적인 죄를 지을 수 있다. 계명을 어기고 율례를 범하여 하나님과 또는 공동체의 다른 구성원들과 정상적인 관계가 깨어질 경우 그것을 회복시켜주고 거룩함을 유지하게 하는 조치가 바로 제사이다.

레위기에 기록된 다섯 가지 종류의 제사는 번제, 소제, 화목제, 속죄제, 속건제이다. 번제와 소제는 제사를 드리는 방법에 따른 분류이며 나머지 세 가지 제사는 목적에 따른 분류이다. 번제는 짐승을 바치는 제사로서 피는 제단 주변에 뿌리고 고기는 전부 불에 태운다. 소제는 곡식을 드리는 제사로서 곡식분말이나 전병을 만들어 기름과 유향을 섞은 것을 불에 태운다. 화목제는 공동체가 육식을 하고자 할 때 제사장에게 신고하고 함께 나누어 먹는 제사이다. 속죄제는 계명을 어긴 당사자가 누구든지(제사장, 전체 회중, 족장, 평민) 간에 드려야 한다. 속건제는 부지중 하나님의 성물에 대해 범죄 했을 경우에 드린다. 번제의 경우 제물의 종류가 다양하다. 소, 양, 염소, 비둘기 등으로 제사를 드리는 자의 경제적 형편에 알맞게 드릴 수 있다. 이것도 드리기 어렵다면 곡식으로 제사를 드릴 수도 있다.

이렇듯 구약의 제사 제도는 백성들의 경제적 형편을 충분히 배려하고 있다는 측면에서 은혜롭다. 구약시대에 소나 양 혹은 염소로 제사를 드릴 수 있는 자는 그리 많지 않았다. 그럴 형편이 되는 사람들은 아마 사회의 부유한 지도층에 속할 것이다. 예루살렘 성전에서는 소나 양 고기를 태우는 냄새가 코를 진동했을 것이지만, 지방의 산당에서 제사를 드릴 경우 시골 주민이나 도심의 평민들은 대부분 비둘기나 곡식으로 제사를 드렸을 것이다.

제사가 형식적으로 드려지는 까닭은 사람들의 살림이 윤택해지면서 여유가 생겼기 때문이다. 없어서 못 바치던 때에는 작은 짐승이나 재물을 바치는 일이 경제적으로 큰 부담이기 때문에 계명을 범하지 않도록 신중한 삶을 살았을 것이다. 그러나 살만해서 어지간한 경제적 손실도 아까워하지 않게 되었을 때는 계명을 지키는 자세도 흐트러지고 제사도 형식에 그치는 경우가 많이 발생했을 것이다. 제사 제도 자체에 문제가 있는 것이 아니라 그것을 대하는 신앙인의 자세에 문제가 생겨서 제사를 드리는 자세가 흐트러졌던 것뿐이다. 때로 경제적 여유가 축복이 아니라 저주가 될 수 있는 까닭도 여기에 있다.

제사 제도 자체는 신앙인의 삶을 긴장시켜준다. 우리의 삶이 하나님의 말씀과 기대에 비추어 미치지 못하면 어떻게 하나 하는 거룩한 근심을 하게 만들고 혹시나 공동체 전체에게나 구성원 개개인에게 불이익이나 손해를 끼치는 일은 없는지 끊임없이 돌아보게 만들기 때문이다. 그럼에도 불구하고 허물과 죄가 드러난다면 뉘우치는 마음으로 제물을 드려 경제적 손실을 감당하는 처벌을 받아야 하는 것이다. 이와 달리 화목 제사 제도의 경우는 개인이나 공동체가 함께 고기를 나누어 먹는 즐거움도 맛볼 수 있게 해 준다.

하나님은 레위기의 다섯 가지 제사 제도를 통해 신앙인이 하나님 앞에서 후회와 슬픔, 그리고 즐거움과 기쁨을 마음껏 표현하기를 바라셨다. 오늘의 예배가 구약시대 제사의 연장선 위에 있다면, 과연 예배를 드리는 회중이 이러한 즐거움과 슬픔을 함께 공유하고 마음껏 표현하면서 하나님과 깨어진 관계, 이웃과 그리고 사회와 깨어진 관계를 회복하는데 마음을 쓰고 있는지 살펴볼 일이다. 혹시나 여유 있는 삶을 살면서 이제는 형식에 치우친 예배를 드리고 있지는 않은가 진심으로 헤아려보아야 할 것이다.

8. 다른 신, 바알을 경계하자

모압 평지에서 행해진 모세의 마지막 설교는 지난 40년 동안 벌어진 출애굽 사건과 시내 산 언약 그리고 광야 생활의 우여곡절을 회고하면서 거듭 하나님을 철저히 신앙하도록 당부한다. 모세는 특별히 다른 신들을 따르지 말라고 힘주어 말한다(신 5:7; 6:14). 그런 신들의 형상을 만들지도 말고 절하지도 말라고 당부한다. 이 말씀은 조금 의아한 가르침이다. 저 생생하고도 위대한 구원 체험을 한 사람들이 정말 여호와 하나님을 버리고 다른 신들을 따라갈 수 있을까 하는 생각이 들기 때문이다. 아니나 다를까 신신당부하는 모세의 설교에도 불구하고 이스라엘은 가나안에 정착하자마자 곧장 바알과 아스다롯 혹은 아세라를 섬겼다(삿 2:13, 3:7). 어째서 이런 일이 벌어졌을까? 이런 일이 도대체 가능하기는 한 것일까? 대체 바알 신앙이란 무엇인가? 얼마나 매력적으로 보였기에 여호와 신앙을 체험한 사람들이 그토록 손쉽게 바알 신앙에 빠지게 되었을까? 혹시 그 두 신을 분간하기가 어려웠던 것은 아닐까?

바알 신은 일반적으로 비와 구름 그리고 우레의 신으로서 농사에 풍요와 다산을 결정짓는 신으로 알려지고 있다. 바알이란 신의 이름은 토지 소유주, 주인, 군주란 평범한 의미를 지니고 있다. 신의 이름은 그 속성을 나타내고 그가 관할하는 영역의 세계 질서와 가치관을 정의한다. 바알 신앙은 바알을 섬긴다, 모신다, 추종한다, 추구한다 등의 의미를 표현한다. 따라서 바알을 따른다는 말은 바알이란 이름의 신을 섬긴다는 뜻이며 동시에 그 신이 옹호하는 세계관과 질서에 동조하여 그것을 추구하면서 산다는 의미이다. 바알 신은 한 마디로 상하의 엄격한 위계질서를 정당화하여 주인과 종, 왕과 신하, 지주와 소작농의 관계를 당연한 것으로 옹호한다. 그러므로 바알 신앙인은 (보다 넓은) 토지 소유주가 되고 한 집안의 주인(으뜸)이 되며 한 나라의 군주가 되기를 추구하는 권력지향형, 소유지향형 인간으로 살아간다는 뜻을 담고 있다. 이런 양태의 신앙이 만들어낸 사회는 힘 있는 자가 힘없는 자를 억압하고 빼앗으며 압제하는 일이 자연스럽고 정의로운 일로 간주되는 곳이 될 것이다. 많은 소유와 높은 지위를 신의 축복이라고 설명하는 이런 세계질서에서는 하나님의 형상인 인간의 본래적 가치를 보존하기가 극히 어렵다.

이와 반대로 예수 그리스도를 통해 여호와 하나님을 믿는 사람들은 평등사회구조를 지향하며 그 안에서 인간의 고유한 가치와 권리 그리고 생명의 존엄성을 가장 소중히 여긴다. 반대로 바알신앙은 이런 가치들을 하찮게 여기거나 무시한다. 오직 권력과 소유 그리고 위신만을 소중히 여긴다. 두 신앙은 축복을 말하는데서 유사하지만 축복을 받는 사회의 구조와 궁극적 가치관에 대해서는 이렇게 극단적인 차이를 보여준다. 그러나 동서고금을 막론하고 이 두 신앙의 차이를 어느 누가 쉽게 깨달을 수 있었겠는가?

오늘날도 바알적 가치관과 세계관을 갖고 살아가는 예수 신앙인들을 주변에서 종종 발견한다. 그야말로 혼합주의 신앙인 셈이다. 어쩌면 하나님에게 심판 받을까 두려운 일이기도 하다. 이런 바알 신앙이 혹시 내 안에 둥지를 틀고 자라고 있지 않은 지 살펴보아야 할 것이고 이런 사고가 싹트지 않도록 경각심을 가져야 할 것이다.

자신에게 이렇게 질문해보자. 남의 피해에 아랑곳하지 않고 내가 더 많이 갖길 원하는가? 남을 짓밟고서라도 높아지기를 바라는가? 그런 나는 십자가에 달려 세상을 섬긴 예수가 아니라 황금 빛 권좌에 앉은 찬란한 바알을 믿고 있는 것이며 바알이 되기를 꿈꾸고 있는 것이다. 그런 사람은 외견상 예수 사람 같아 보여도 진정으로 참된 예수 사람은 아니다. 이만큼 바알 신앙은 알게 모르게 우리 안에서 숨어서 자라고 있다. 이 바알을 경계해야 참된 예수 신앙을 소유하고 그 안에서 성숙할 수 있다.

9. 지도력이 관건이다

요단강을 건너 약속의 땅을 밟은 이스라엘 백성은 모세의 후계자 여호수아의 지도를 따라 가나안을 우여곡절 속에 정복했고 12지파는 공정하게 땅을 분배받았다. 처음 맞닥뜨린 난공불락의 여리고 성은 오로지 여호수아가 전하는 모세의 율법을 철저히 순종함으로써 싸움 한번 하지 않고 쉽게 차지했는가 하면 아이 성과 같은 아주 작은 성은 모세의 율법에 불순종한 아간 때문에 첫 번 공격에 크게 패했다. 후에 재차 정비하고 철저히 하나님의 말씀에 순종하는 자세를 가질 때 비로소 성을 취하게 되는 값진 경험을 하기도 하였다. 여호수아서가 우리에게 주는 교훈은 모세가 전하는 율법의 말씀을 좌로나 우로나 치우치지 않고 순종하느냐의 여부에 따라 땅 차지 여부가 결정된다는 아주 간단명료한 진리에 있다.

순종은 성공과 행복을, 불순종은 패배와 불행을 안겨준다. 이후에 전개되는 이스라엘 백성의 역사는 바로 이런 교훈을 우리에게 준다. 지파들이 가나안 땅에 정착하여 지파 중심의 평등한 촌락 사회를 일구다가 잦은 외부의 군사적 침입에 대처하고자 강력한 군사 지도자인 왕을 원하게 되었다. 그래서 지파사회는 군주사회로 전환하게 된다. 한 가정의 행복은 가족의 지도자인 가장의 신앙에 달려 있다. 사소한 탐욕을 이겨내지 못한 아간의 잘못된 선택은 자기 집안 식구들 전체의 죽음을 초래했다. 집안의 가장이 그렇듯 이스라엘의 운명도 왕의 신앙적 판단과 결정 여하에 따라 그 흥망이 좌우되었다.

기스 집안의 아들 사울은 이스라엘 사람들 중에 가장 겸손한 사람으로 판명되어 초대 왕으로 추대되었다. 그러나 아말렉 족속을 전멸시키라는 하나님의 지엄한 명령을 그는 지극히 인간적인 생각 때문에 순종하지 못하였다. 그가 아말렉 족속의 왕 아각과 함께 우양 몇 마리를 남겨둔 일은 결국 하나님께 버림을 받은 이유가 되었다. 순종이 제사보다 낫다(삼상 15:22)는 유명한 말씀이 이 사건에서 나왔다.

이새의 아들 다윗이 이루어낸 통일 이스라엘 왕국의 대업을 망가뜨리고 나라를 남북으로 분열시킨 원인은 왕권 다툼 끝에 보좌에 즉위한 솔로몬과 그 아들 르호보암이 일으킨 국가 대공사 때문에 백성에게 힘든 부역과 중과세를 요구하였기 때문이었다. 지도자가 개인적인 탐욕을 감춘 채로 국가의 명예니 위신이니 하는 고상한 명분들을 내세워 백성을 강제로 동원한 것이다. 결국 민심은 이들을 떠났고, 통일 왕국은 분열하기에 이른다. 다시 북쪽 열 지파가 만든 북 왕국 이스라엘은 200년 만에 앗수르에게, 남쪽의 유다와 시므온 지파로 구성된 남 왕국 유다는 300여년 만에 바벨론에게 차례로 망했다. 이렇게 나라가 멸망한 이유는 무엇이었는가? 구약성서는 잘라 말한다. 궁극적으로 지도자들의 탐욕에 기인한 그릇된 신앙과 잘못된 판단 때문이라고.

나라의 근본은 백성이다. 지도자는 백성들의 안녕과 행복을 위해 세움을 받은 자에 불과하다. 그런 그가 자신의 욕망을 채우기 위해 권력을 동원하여 겉보기에 그럴듯한 명분을 내세워 대다수 백성의 안녕을 무시하고 혹사하기 시작하면 그 나라와 사회는 머지않아 패망하게 된다. 지도자가 본래의 사명을 망각하면 이처럼 엄청난 불행을 초래한다. 회사원들과 사장, 단체 구성원과 단체장, 교회의 교인들과 목사의 관계도 여기서 예외가 아니다. 지도자들은 이 교훈을 가슴 깊이 새기고 하나님의 말씀이 지향하는 바를 어김없이 순종해야 한다. 지도자로 세움 받은 우리가 추구하는 이런 저런 일과 계획이 혹시 우리 자신의 욕망을 채우는 일이 아닌지, 진실로 한 점 의혹도 없이 구성원 전체에게 꼭 필요한 일이요 그들 모두의 행복을 위한 일인지, 그리고 이것이 살아계신 하나님의 뜻에 합당한 것인지, 늘 쉬지 말고 철저히 성찰해야 한다.

10. 최고(the most high)보다 최선(the best)을 살자

사무엘은 신앙공동체 이스라엘을 건국하는데 일등공신이었다. 그는 아이를 낳지 못하던 어머니 한나의 간절한 기도 응답으로 태어난 사람이었다. 이에 감사한 어머니가 그를 어릴 적부터 대제사장 엘리가 시무하는 성소에서 하나님을 섬기는 일에 바쳤다. 그가 성소에서 훈련을 받으며 자라는 동안 나이 많은 엘리 제사장은 분별력을 잃어갔고 자녀교육에도 실패하였다. 급기야 블레셋과 벌인 전쟁에서 이스라엘은 신앙공동체의 성물인 법궤를 블레셋에 빼앗기는 불행한 사태가 벌어졌다. 이 소식을 들은 엘리는 너무 놀라 의자에서 굴러 떨어져 죽고 말았다. 사무엘은 죽은 엘리 제사장의 자리를 물려받아 이스라엘의 지도자가 되었다. 그래서 그는 이스라엘의 마지막 사사요 제사장이며 하나님의 말씀이 함께 하는 예언자로 급부상하였다. 모두가 하나님의 섭리요 하나님이 그와 함께 해 준 덕택이었다.

얼마 지나지 않아 이스라엘 백성은 사사보다는 강력한 군주가 더 좋겠다는 생각을 하게 되어 제사장인 사무엘에게 왕을 세워달라고 간청하였다. 사무엘은 이것을 기뻐하지 않았다. 자기 아닌 또 다른 지도자를 구하는 백성에게 실망감과 일말의 배신감을 느꼈기 때문이었다. 하나님은 백성의 요청을 거부한 사무엘과 달리 왕을 세워줄 것을 허락하셨다. 이에 사무엘은 군주 제도의 장점보다는 그 폐해를 더 소상히 설명하여(삼상 8:10-18) 자신의 불편한 심기를 드러냈다. 그러나 결국 그는 왕으로 지목된 사울을 말없이 조력하는 입장에 선다. 사울이 아말렉을 멸절하라는 절대명령을 어기고 그 왕을 불쌍히 여겨 살려두고 그 짐승을 제물로 바칠 생각으로 남겨둔 일을 빌미로 사무엘은 크게 노하여 다른 군주 후보자인 다윗에게 기름을 부었다(물론 어느 일 하나도 하나님의 섭리에서 벗어난 일은 없다!).

노년을 맞이한 사무엘은 고별연설에서 또 한 번 불편한 심기를 표출하였다(삼상 12:1-18). 예전에는 유일한 백성의 지도자로서 군림했지만 이제는 새로 세운 군주 때문에 백성들의 따돌림을 당해 온 심경을 담은 연설이었다. 여기서 그는 자신이 누구를 압제하거나 누구의 소유를 강탈한 적이 없음을 천명하고 왕을 세운 일이 하나님께 거역하는 일이라면서 우레와 비로 백성들의 두려움을 자아내기도 했다. 그러면서 자신은 여전히 백성을 위해 "기도하기를 쉬는 죄를 여호와 앞에 결단코 범하지 아니하고 선하고 의로운 길을 너희에게 가르칠 것"이라고 말했다. 사무엘은 그 노년에 여전히 자기 지도력의 확립을 추구하고 있던 것이다.

사무엘의 평생을 평가한다면 한 마디로 하나님의 은혜를 떠나서는 존재하지 않는 삶이었다. 지도자로서 그가 누렸던 온갖 칭송과 존귀함이 모두 하나님의 은혜였다. 그러나 그는 하나님의 일군으로 평생 사역하는 동안 어느새 자신도 모르게 자신의 지위와 권력에 연연하는 존재로 전락하기에 이르렀다. 따지고 보면 사무엘의 영성도 그리 뛰어난 것이 아니었다. 어릴 적 성소에서 침식을 할 때 여호와 하나님이 자기를 부르시는 음성을 놓친 채 여러 번이나 엘리 제사장이 부르는 소리로 오해하기도 하였다. 왕을 구하는 백성에게 지도력을 빼앗길까

봐 전전긍긍하며 노여움을 표출한 일도 그의 인격적 자질을 단적으로 보여준 실례였다. 마지막 고별 연설에서도 또 다시 자기의 지도력을 다지려는 인간적 의지를 표출한 일련의 사례가 이를 입증해주었다.

평생 최고로 대우받던 지도자가 보여준 안타까운 부덕의 소행을 우리라고 피할 수 있겠는가? 그러나 최고이기보다 최선을 다해 사는 신앙인이길 다짐한다면, 나의 나됨은 오로지 하나님의 은혜라고 고백하여 하나님의 절대주권을 인정하는 신앙인이 되길 다짐한다면, 우리 중 누가 절대적인 지도자로 군림하게 된다고 해도 사무엘이 보여준 부덕한 소행을 답습하는 일은 피할 수 있을 것이다. 언제나 우리 주님 예수를 보라! 최고보다는 최선을 다하는 삶을 살아가자!

11. 다윗의 돌을 준비하는 삶

성지를 다녀온 사람들은 이스라엘 땅에 돌이 얼마나 많은지를 보면서 놀랄 것이다. 그곳은 지천에 온통 돌만 널려 있다. 이스라엘 사람들은 큰 돌을 웅장한 건물의 기초석이나 기둥으로, 작은 돌들은 모아서 소유지를 표시하는 담이나 지계석으로 사용하거나 비탈진 언덕에 긴 담처럼 모아두어 편평한 테라스 경작지를 만드는데 사용하기도 하였다. 다윗이 블레셋의 용사 골리앗을 쓰러뜨리는 데 사용한 돌 역시 어디서든 손쉽게 구할 수 있는 그런 돌이었다. 상대방 골리앗은 거대한 체구에 최신 병장기(놋 투구, 비늘 갑옷, 놋 각반, 놋 단창, 칼)로 무장한 백전의 용사였다. 무기의 열세도 그렇거니와 체구 작은 이스라엘 군대는 그와 싸워 이길 엄두도 못내는 처지였다. 외견상 패배가 확실한 전투를 자청한 다윗은 오직 물맷돌을 사용하여 그를 쓰러뜨리고 전쟁을 승리로 이끌었다.

다윗의 물매 던지는 솜씨는 한 순간에 이루어진 것이 아니었다. 일찍이 사자와 곰으로부터 양 떼를 지기키 위해 튼튼이 닦고 준비하였던 실력이었다. 다윗이 던진 돌은 평소에 잘 훈련된 궤도를 그리며 골리앗의 이마를 향해 날아갔다. 다윗의 손으로 던져진 돌은 평범한 돌이 아니라 살아있는 돌이었다. 이 돌은 자기 자신을 믿고 하나님을 의지하며 던진 믿음의 돌이었다. 최신 병장기조차 이 돌을 예견하여 피하거나 막아내지 못했고 골리앗을 지켜주지 못했다. 이 다윗의 돌이 전쟁을 승리로 이끈 동력이었던 것이다.

흔한 돌. 다윗이 지니고 다니지 않았지만 전쟁터에서 손쉽게 주워 든 돌. 포물선을 그리며 정확한 궤도를 날아간 산 돌. 거인 골리앗의 최신 무기를 무력화시킨 돌. 이 돌은 오늘을 사는 그리스도인에게 무엇을 의미할까? 더 나아가 어떤 실체가 현대의 그리스도인이 사는 소박한 삶을 위협하는 거대한 골리앗일까? 하나님의 이름을 무시하며 그리스도인을 조롱하는 그 거인은 무엇일까? 그 실체를 쓰러뜨리고 신앙인의 삶을 승리로 이끌 작은 돌멩이는 무엇에 비유할 수 있을까?

거인 골리앗은 권력, 금력, 인맥 등으로 꾸며지고 포장된 이 세상살이의 대세이다. 힘없는 소시민은 언제나 이 아름답기까지 한 권력의 담합구조 안에서 소리 한 번 지르지도 못한 채 희생당하기 일쑤다. 다윗이 손에 든 돌은 악한 권력을 궁극적으로 이겨낼 수 있는 소박하고 평범한 삶이며 그것은 정직과 성실과 정의로움을 상징한다.

작금의 세상은 "들킨 자와 들키지 않은 자"만 존재한다는 쓴 소리를 들은 적 있다. 우리는 모든 영역에 걸쳐 불의와 불법이 선이란 이름으로 위장되어 판을 치고 있는 현실을 목도한다. 누구도 그것을 아니라고, 나쁘다고, 잘못된 것이라고 소리 내어 말하는 일조차 쉽지 않다. 불이익을 당하기 때문이다. 그리스도인은 하나님의 진리가 궁극적으로 이 세상에서 벌어지고 있는 온갖 불의와 불법을 엄정하게 심판하실 것을 믿는다. 때문에 이 하나님의 나라를 위해 부름 받은 그리스도인은 범사에 정직을 무기로 삼고(물맷돌) 성실을 연습하며(던지기) 매일 공평과 정의를 추구하되 모두의 생명을 소중히 여기는 삶(양떼 보호)을 살아야 한다. 그것이 바로 '다윗의 돌을 준비하는 삶'이라고 말하고 싶다. 언젠가 골리앗과 같은 거대한 조직의 담합한 힘과 마주하게 될 날, 그것과 당당히 맞서 싸워 승리하고 하나님의 나라를 중단 없이 확장할 수 있는 길은 오직 이 길, 곧 정직과 성실한 삶으로 생명을 추구하는 삶 밖에는 다른 무기가 없다.

12. 아모스가 필요한 교회

구약성서는 말한다. 인권존중과 자유와 평등을 이념으로 삼는 여호와 하나님 신앙으로 출발한 신앙공동체가 일군 나라인 북 이스라엘과 남 유다가 망한 까닭은 예언자들의 말을 듣지 않아서라고. "사자가 부르짖은즉 누가 두려워하지 아니하겠느냐 주 여호와께서 말씀하신즉 누가 예언하지 아니하겠느냐?"고 아모스가 외쳤듯이(암 3:8), 예언자란 하나님의 말씀을 맡아서 전하는 사람들을 일컫는다. 하나님이 보낸 저 예언자들은 그 사회에 과연 뭐라고 외쳤을까? 뭐라고 했기에 그들의 말을 듣지 않았을까? 우리도 저들과 같은 운명에 처하지 않으려면 예언자들의 말속에 담긴 하나님의 마음을 읽는 혜안이 절대적으로 필요하다.

아모스는 당대의 부유한 지도층이 가난한 농민들을 대상으로 "은을 받고 의인을 팔며 신 한 켤레를 받고 가난한 자를 팔며 힘없는 자의 머리를 티끌 먼지 속에 발로 밟고 연약한 자의 길을 굽게"(암 2:6-7) 한다고 비판했다. 그는 북 이스라엘 사회가 마치 "곡식 단을 가득 실은 수레"가 돌부리에 걸려 금방이라도 넘어질 위기에 놓여 있다고 판단하고(암 2:13) 사회의 지도층은 외국의 침입을 받아 마치 "목자가 사자 입에서 양의 두 다리나 귀 조각을 건져냄"(암 3:12)같이 처절히 도륙당하고 패망할 것이며 결국 지도층이 사는 거리마다 자녀들을 잃은 슬픔에 애통하는 장송곡만 메아리치게 될 것이라고 예고했다.

아모스가 전한 사회의 병폐는 너무나도 자명하다. 신앙의 미명하에 부유한 지도층이 가난한 농민 백성들의 삶을 조직적으로 유린한 것이다. 정말 그들은 양심도 없었을까? 혹시 그들은 자신들의 행동이 옳다고 착각하지는 않았을까? 아마도 두 번째 생각이 더욱 실제적이었을 것이다. 다시 말해서 부유한 지도층은 자신들이 누리는 부요함과 권세를 하늘의 축복으로 이해했고, 농민들의 가난함과 무력함이란 하늘이 정해준 운명에 의해 혹은 게으름과 무지함 때문에 축복을 받지 못한 삶이라고 생각했다. 그래서 부자들은 하늘의 상급을 받는 의인으로, 가난한 자는 하늘의 징계를 받아 마땅한 죄인으로 취급하였던 것이다.

그런데 과연 그럴까? 하나님은 부유한 지도층을 축복하시고 가난한 농민들을 징계하시는 것일까? 이 대목에서 부자와 가난한 자 사이에는 엄청난 생각의 차이가 존재한다는 것을 엿볼 수 있다. 부자는 하나님을 자신의 생각의 틀에 맞추는 성향이 강하고 가난한 자는 그저 하나님의 손길에 운명을 맡긴 채로 불우한 삶을 살아간다는 점이다. 얼핏 보아도 어느 쪽이 더 하나님 중심에 가까운지 쉽게 판단할 수 있다. 부자들은 하나님을 임의로 통제하려는 태도가 강하고 반대로 가난한 자들은 하나님에게 주도권을 맡기고 사는 상태여서 가난한 자가 부자보다 더욱 바른 신앙을 갖고 있음을 알 수 있다. 그래서 그런지 성서는 하나님이 가난한 자를 편드시는 분이라고들 말한다. 실제로 하나님은 긍휼이 많으신 분이다. 하나님이 지도층에게 정의를 요구하는 까닭은 수많은 농민들의 아픔과 역경에 마음 아파하시고 그들을 아끼고 편드시기 때문이다. 이런 측면에서 보면 정의의 원리는 사랑에서 출발한다. 아모스는 이런 하나님의 마음을 읽었다. 그래서 목숨을 내놓고 선포했다.

빈부의 격차가 심해서 소유의 다소가 사회적 역량과 위신을 결정짓는 방식으로 사회 양극화 현상에 몸살을 앓고 있는 우리 사회를 보면서 교회의 강단은 아모스가 전한 대로 가난한 자를 편드는 하나님을 단호하게 선포해야 할 것이다. 부자만 선호하고 부자의 편에만 서고 가난한 자의 가난과 역경을 돌보지 않는 교회와 강단사역이라면 그것은 정면으로 하나님의 뜻과 마음을 외면하고 무시하고 사는 신앙인을 양산하게 될 것이다. 그리고 그런 신앙공동체가 다다를 곳은 남북왕국이 패망하는 운명과 다를 바 없게 될지 모른다. 오늘의 강단을 건강하게 하기 위해 아모스의 마음과 선포가 필요한 때이다.

13. 하나님이 바라시는 것

주전 8세기에 예루살렘 남서부 라기스 인근에 위치한 시골마을 모레셋에 살았던 장로 미가만큼 대담하고 직설적인 예언을 한 사람도 없을 것이다. 그의 분노에 찬 고발을 들어보자. 그는 엘리트 지배층이 밤새도록 침상에서 악한 일을 꾸미고 날이 밝아 지역 법정이 열리는 마을 앞 광장에 나가서 자신이 활용할 수 있는 모든 인맥과 돈을 써서 가난한 농부들이 담보로 잡은 재산(밭, 집, 가축, 재물, 인력 등)을 강탈하는 과정을 소상히 밝힌다(미 2:1-2). 그는 엘리트 지배층의 사생활의 은밀한 것을 알고 있었고 심지어 그들의 속마음까지 읽고 대중 앞에 공개했다. 당시의 통치자들은 자신들에게 정치적으로 경제적으로 유익이 된다면 무슨 짓이든 서슴지 않았다. 선을 미워하고 악을 기뻐했으며 백성들의 삶을 경제적으로 철저하게 유린하였다(미 3:2-3). 하나님을 섬기는 전문인들도 여기서 예외가 아니었다. 선지자와 제사장들은 오로지 돈을 위해 예언하고 일했다(미 3:5, 11). 이렇게 사회의 우두머리들은 모두 한 패거리가 되어 정의를 드러내놓고 미워했으며 정직한 것을 굽게 하였다. 실례로 재판관들은 뇌물을 먹고 재판하였다.

그들은 미가와 같이 바른 말하는 사람들에게 "예언하지 말라"고 윽박지르면서 입을 막았다. 그리고서는 예언자로 인정하고 내세운 사람들이 하는 예언이란 그저 풍요와 번창을 축하하는 잔치를 상징하는 "포도주와 독주에" 대한 내용만을 주문했다. 다시 말해서 하나같이 평화롭게 잘 먹고 잘 사는 일에만 몰두해 있었다(미 2:6, 11, 3:9-11). 그 사회의 지도층은 무엇이 옳은지 그른지에 대해서는 관심이 없었다. 잘 사는 것이 뭐가 나쁜가. 그러나 잘 살아도 불의하고 더러운 방식을 통해서 이룬 부요와 영화라면 잘못이다. 이를 지적하는 바른 소리가 들리면 이를 감추거나 입막음하고 호도하였다.

그래서 미가는 "여호와의 영으로 말미암아 능력과 정의와 용기로 충만해져서 야곱의 허물과 이스라엘의 죄를 그들에게" 보여주었다(미 3:8). 죄를 죄라고 지적한 것이다. 사람 자체를 싫어하거나 미워한 것이 아니었다. 미가는 심지어 당시에 믿음 좋은 왕으로 평가받는 히스기야가 다스리던 시절의 도성이요 성전이 있는 예루살렘의 파괴와 멸망마저 드러내놓고 예고하기를 주저하지 않았다(미 3:12). 그는 사회의 제도와 기구, 그리고 집단행동의 악함을 고발하고 그것이 와해되거나 없어지기를 간절히 염원했다.

당대인들과 오늘 우리들에게 미가의 입을 통해 하나님이 진실로 바라시는 것이 있다. 그것은 지극 정성으로 드리는 성대하고 호화스런 예배가 아니었다. 그것은 우리가 정의를 실행하는 일이다. 어떤 상황이 되어 이해득실을 따져볼 때 자신에게 손해가 되더라도 이 정의의 원칙을 변함없이 준수하려고 최선의 노력을 경주해야 한다. 설혹 그런 정의를 실천했다고 해서 그것을 자랑삼거나 찬사를 받으려고 할 필요도 없다. 오로지 여호와 하나님 앞에서 납작 땅에 엎드려 낮아진 자세로 살아가는 것이다. 그것이 사람으로 마땅히 할 도리이기 때문이다.

맡은 자에게 구할 것은 충성이라고 했다. 우리는 하나님이 맡기신 일을 최선을 다해 감당해야 한다. 그 일을 통해 우리 개인의 이익과 명예를 추구하려고 한다면 미가와 같은 예언자가 잠잠하지 않을 것이다. 오로지 할 일은 올바로 그리고 바르게 수행하면 된다. 그것도 개인의 이해관계를 초월하여 변함없이, 언제나처럼 똑같은 자세로. 아무것도 자랑하거나 치켜세우거나 내세우지 않는 자세로 말이다. 하나님은 그런 사람을 기뻐하신다.

오늘날 직위를 이용하여 자신의 사사로운 이해관계를 증진시키고 그것을 자랑삼아 말하는 사람들을 많이 본다. 결코 하나님께서 바라지 않는 태도이다. 무엇보다 중요한 것은 그것이 옳은 일인지 그른 일인지 그리고 절대 다수를 진실로 유익하게 하는 일인지 아닌지가 중요하다. 하나님의 지배적인 관심사는 예전에 농민 다수의 안녕과 행복이었듯이 지금은 현대 사회의 시민 다수이거나 신앙공동체 다수의 안녕과 행복에 있다. 그들을 사랑하기에 정의를 요구하신다는 것을 잊지 말자. 여기서 어긋나면 하나님의 거룩하고 추상같은 판결이 신속히 임할 것이다.

14. 믿음, 거룩, 겸손

주전 8세기 후반에 이사야는 유다 왕 아하스와 히스기야의 치적 중에 하나님의 말씀을 선포한 예언자이다. 두 왕은 각각 유다 역사상 아주 의미심장한 정치적 위기를 맞이하였다. 아하스 왕 시절에는 북쪽의 이스라엘과 시리아가 동맹을 맺고 반앗수르 전선을 구축하면서 유다의 국권을 위협한 사건이 벌어졌다. 이를 시리아-에브라임 위기라 부른다(주전 734년). 히스기야 왕 시절에는 유다 스스로 반 앗수르 노선을 걷자 앗수르의 왕 산헤립이 침공하여 유다의 성읍 40여개를 휩쓸고 도성 예루살렘을 포위 공격하기에 이르렀다(주전 701년). 이를 앗수르 위기라 부른다.

이사야는 아하스 왕에게 여호와 하나님을 믿고 절대로 정치적인 중립을 지킬 것을 주문하였다. 동맹에 가입하지도 말고, 대항하여 싸우지도 말 것이며 그렇다고 앗수르에게 도움을 요청하지 말라는 하나님의 뜻을 전했다. 결단을 못하고 주저하는 왕에게 믿음을 독려하기 위하여 준 징표가 임마누엘("하나님이 우리와 함께 하신다")이라 부르게 될 아기의 출생이었다(사 7:14). 그러나 아하스는 믿음이 없어 앗수르 지원을 선택하였고 간신히 전쟁의 위기는 모면하였지만 이때로부터 유다는 100년 넘도록 앗수르의 봉신국으로 전락하게 되었다. 반대로 히스기야는 굳건한 믿음으로 자신의 질병도 고치고 앗수르 군대의 포위를 물리치고 예루살렘의 자유를 극적으로 보존하였다. 이사야서에서 아하스는 불신앙의 예, 히스기야는 좋은 신앙의 실례가 되고 있다.

정치 군사적 위협을 받는 지도자에게 요구한 하나님 믿음의 구체적 실상은 무엇이었을까? 하나님을 믿는다는 것은 무슨 뜻인가? 그것은 오경 즉 토라의 가르침대로 나라의 통치에 전념하라는 뜻이다. 전쟁을 일으키는 일도 강대국에게 조공을 주고 지원을 요청하는 일도 모두 백성들의 삶을 위기로 내몰 뿐이다. 군주는 전쟁을 위해 백성 가운데 젊은 노동력을 차출해야 하고 조공의 재원을 위해 세금을 더 거두어야 한다. 그렇게 해서라도 유지되는 것이 있다면 왕권뿐이고, 대다수 백성은 반대로 노동력과 식량 부족 그리고 채무증대라는 심각한 위기를 겪는다. 그러므로 지도자는 자신의 결정이 곧 백성의 행복과 직결된 선택들이라는 사실을 깨달아야만 한다.

토라의 핵심이 무엇이던가? 그것은 모든 생명을 소중히 여기고 인권을 존중하여 그 사회의 구성원 모두에게 차별 없이 정의와 공평으로 다스리며 평화를 추구하는 삶을 살라는 것이다. 왕과 같은 정치 지도자라고 해서 이 원칙과 가르침이 예외가 될 수는 없다.

그럼에도 불구하고 지도자들은 대개 하나님의 이름을 들먹이며 자신의 정치적 결단이 결국 나라의 행복을 일궈낼 것이라고 선전하기 일쑤다. 그러나 하나님은 지도자들의 그런 장밋빛 주장과 선전 그리고 계획대로 무작정 움직여주지 않는다. 왜냐하면 하나님은 거룩하신 분이기 때문이다. 하나님의 거룩은 지상의 합의에 따라 자동적으로 움직이지 않으신다. 그 차별성이 거룩한 힘이다. 하나님의 거룩은 땅위 지도자들의 합의가 대다수 백성의 행복을 해치는 일이라고 판단될 때 그것을 좌시하지 않고 철저하게 교정하기 위해 행사하는 힘을 말한다. 그 거룩한 힘을 행사하는 하나님 앞에 지상의 역사는 궤도를 변경한다. 나라가 몰락하고 지도자들이 잡혀가고 새로운 역사가 열린다.

이처럼 거룩하신 하나님을 믿는 신앙인에게 요청되는 가장 아름다운 삶의 자세는 무엇인가? 겸손이다. 그것은 할 일을 다 하되 오로지 하나님의 판단을 기다리며 주장하지 않는 자세로 사는 태도이다. 정의와 공평으로 통치를 했다고 자랑할 것도 없고, 군대가 많고 장비가 훌륭하다고 자랑할 일도 아니며 강대국의 지원 약속에 희망을 품을 이유도 없다. 역사의 주인은 여호와 하나님이시다. 관건은 굳은 심지로 하나님의 가르침을 확실히 믿고 올바로 살아가는 일에 있다.

이사야는 우리에게 믿은 바대로 살라고(!) 요청한다. 그리고 삶의 여정 속에 언제라도 우리의 합의 혹은 예상과 달리 우리의 무의식적 잘못을 교정하러 나타나실 거룩한 하나님을 단 한 순간도 잊지 말라고 가르친다. 우리는 토라의 가르침대로 성실하고 정직하게 그리고 변함없이 마땅한 사람의 도리를 다하며 살되, 아무것도 내세우거나 주장하지 말고 오로지 하나님의 판결을 염두에 두고 땅에 납작 엎드린 자세로 살아야 한다.

15. 요나의 해부

독자들은 대개 요나가 하나님의 사명을 피하여 도망가다가 바다에 던져져서 고래(?) 뱃속에 들어갔다가 거기서 회개하고(!) 삼일 만에 살아나서 다시 사명을 감당한 것으로 요나서를 읽는다. 하지만 이런 읽기는 요나서 본문의 참 의미와 거리가 멀다. 이것은 독자가 성서의 본래적 의미를 따지지 않고 기존의 교리에 치우쳐 읽은 결과이다. 성서의 자구들은 독자로 하여금 말씀의 의미를 추적하도록 안내하는 지도(a map)요 종착지로 이끄는 기차의 레일과 같다. 교리는 종착역의 방향을 미리 예단하고 걷게 만든다. 따라서 만일 철로 망이 복잡하게 설치되어 있는 곳에서는 잘못된 방향으로 이끌 가능성도 없지 않다.

실례로 위에서 든 요나서의 교리적 읽기가 본문의 본래적 의미와 얼마나 다른지 알아보자. 우선 요나는 고래 뱃속에서 구원받은 것이 아니라 "큰 물고기"에게 삼킴을 당했다. 그 안에서 요나가 드린 기도문은 전혀(!) 회개의 기도랄 수 없다. 그것은 자신의 목숨이 끊어지지 않고 여전히 호흡하는 자신을 발견하고 즐거워서 드린 감사의 기도문이다! 그가 살아 있는 것을 기뻐한 것은 선원들에게 자기를 바다에 던지라고 배짱 좋게 제안했던 상황과는 정반대로 돌변한 태도이다. 그 때까지만 해도 그는 죽기를 간절히 원했었다. 도망했지만 발각되었고 잠들었지만 깨워졌고 육지로 돌아가려고도 했지만 갈 수 없었다. 마지막 선택할 길은 이제 죽음 밖에 없었다. 포기한 요나는 자신을 바다에 던지라고 제안함으로써 죽음을 선택했었던 것이었는데 이제 물고기 뱃속에서 호흡하고 살아있는 자신을 보고 희희낙락하는 것이다. 그래서 감사기도를 드리고 있는데 이런 요나를 어찌 회개하는 모습으로 이해할 수 있는가? 그의 기도문 어느 한 구절에서도 자신의 과오를 솔직히 고백하고 용서를 구하는 내용을 전혀 발견할 수 없는 이유도 여기에 있다.

더구나 그는 이제껏 남들의 목숨을 구원해내는 일에 그토록 인색하고 옹졸하지 않았던가? 니느웨에 가서 심판의 말씀을 전하고 회개를 촉구하는 일이 하기 싫어 도망쳤고, 풍랑으로 침몰위기의 배를 구원하려는 선원들의 손길을 전혀 돕지도 않고 무관심한 채로 잠만 잤던 그였다. 그가 정작 자기 목숨을 이어가는 현실을 기뻐하는 모습은 얼마나 이율배반적인가? 그의 마음속에는 자기의 구원이 오로지 성전을 바라보고 하나님을 기억하며 예배하고 기도드린 일이라고 생각한다. 과연 그럴까? 그렇게 생각하는 것이 옳을까?

요나가 물고기 뱃속에 들어가 살아있게 된 것은 순전히 하나님의 섭리와 배려에서 그런 것이다. 예배가 구원한 것이 아니라 하나님의 은혜와 사랑이 그를 구원한 것이다. 자기 목숨 귀한 줄 알아 자기 목숨 보존을 기뻐할 수 있다면 남의 목숨도 귀해 그들도 구원받는 것이 소중한 일인 줄 깨달을까 싶어서 하신 하나님의 배려와 인내하심 때문이다. 그가 정말 생명의 소중함을 깨달았다면 두 번째 소명을 받고 (할 수 없이!) 니느웨로 가서 심판의 말씀을 전한 후 그들이 대대적인 회개를 하고 구원을 받게 되었을 때 왜 그는 이 사실에 격분하여 하나님께 불평했을까? 여전히 (차별 없이) 생명을 긍휼이 여기는 하나님의 마음을 깨닫지 못해서가 아니겠는가?

사명자가 하나님의 마음도 헤아리지 못한 채로 사명을 감당할 수 있겠는가? 요나가 회개하고 두 번째 사명을 받아들였다고 볼 수 없다. 요나서 속의 요나는 시종일관 하나님의 마음을 깨닫지 못하고 하나님의 긍휼의 풍성하심을 받아들이지 못하는 사명자이다. 모든 생명체를 소중히 여기고 그 구원을 추구하시는 하나님을 제한하고 가로막는 존재는 요나서 안에서 다름 아닌 요나 자신이다.

이 땅에 아기 예수오심을 축하하고 기념하는 절기가 눈앞에 다가왔다. 예수 오심의 의미를 되새기는 자리에서 요나서의 주인공 요나 해부는 우리와 우리 교회의 현실에 의미 있는 메시지를 준다. 요나서에서 그려지는 요나의 모습은 오늘의 한국 교회와 닮은꼴이다. 자신의 구원은 즐거워하면서도 남의 구원에는 대체로 무관심하고 인색하기에 하는 말이다. 자기는 잘되길 바라면서 남이 잘되는 것은 눈뜨고 못 보기 때문이다. 예수로 말미암아 온 인류가 차별 없이 거룩한 사랑을 받은 사실을 기뻐하는 성탄절에 우리와 교회는 나보다 남이 더 잘 되기를 위해(그들 생명의 풍성함을 위해) 살아가고 있는지 곰곰이 스스로를 성찰하는 기회로 삼았으면 좋겠다.

16. 희망의 경계에서

오경의 마지막 책 신명기는 약속의 땅을 목전에 둔 모압 평지에서 모세가 마지막 유언형식을 빌어 언약공동체인 이스라엘에게 다시 한 번 하나님의 말씀을 교훈하는 내용을 담고 있다. 모세는 이집트 땅에서 살았던 400년을 뒤로 하고, 이집트를 탈출하여 광야에서 보낸 40년을 회고하면서 하나님의 뜻에 따라 사는 길이 어디에 있는지를 분명하게 되짚어 말한다. 하나님의 약속은 믿음의 조상 아브라함에게 말씀하신 대로 이스라엘 백성들이 약속의 땅에서 하늘의 별같이 바다의 모래같이 번성하며 사는 일에 있다. 하나님은 그 약속을 흔들림 없이 믿도록 하려고 광야에서 갖가지 모양으로 구원을 선물하셨다. 식량의 위기, 갈증의 위기, 내부 질서 교란의 위기, 외적 침입의 위기 등등. 이에 모세는 언약공동체가 약속의 땅에서 잘 살고 못 사는 일은 오로지 여호와 하나님을 잊지 않고 하나님을 잘 섬기는 데 있으니 이 일에 최선을 다해 줄 것을 당부한다.

역사적으로 이스라엘은 약속의 땅에 들어가 나라를 일구고 살다가 400여 년 만에 몰락하고 만다. 그들은 하나님의 거룩한 실험에서 실패한 것이다. 이유는 자명하다. 그토록 당부했던 하나님 섬김에 불성실했던 것이다. 어쩌면 그들은 하나님의 참 뜻을 간파하는데 실패했던 것 같다. 그들은 약속의 땅에서 축출되었다. 강대국의 포로로 잡혀갔다가 역사적 기회에 또 다른 희망을 품고 귀환했지만 땅을 온전히 회복하지는 못했다. 나라를 다시 일구지도 못했다. 1948년에 이 세계에 독립을 선포한 정치국가 이스라엘이 탄생했지만 그 나라는 더 이상 성서의 백성 이스라엘이 꿈꾸는 그런 나라가 되지는 못하고 있다. 오늘날 정치국가 이스라엘과 팔레스틴 난민과의 분쟁은 세계 정치사의 흐름에 주요 변수로 작용하고 있기 때문이다. 하나님의 약속은 유효하지만 누가 그 약속에 합당한 수혜자일 것이냐는 여전히 새로운 이슈로 남아 있다.

기독교는 구약시대 언약공동체가 꿈꾸었던 삶을 하나님의 나라로 이해하고 예수 그리스도의 삶과 가르침을 토대로 그것을 이룩하려는 신앙공동체이다. 한국의 기독교는 그런 희망을 품고 살아가는 세계의 수많은 신앙공동체 중의 하나이다. 우리 민족의 역사 속에 1세기 넘는 시간을 보낸 한국의 기독교인들은 이제 위의 구약시대 가르침을 가슴 깊이 명심해야 한다. 하나님의 약속은 여전히 유효하다. 하지만 그것의 성취여부는 신앙공동체의 구체적인 삶과 역사가 좌우한다. 2008년을 바라보면 새 희망을 품어보는 이 시점에 우리는 오늘의 신앙공동체가 어디에서 얼마만큼 하나님의 약속의 요구에 부응하고 부응하지 못한지를 냉철히 점검하고 이것을 보완하도록 노력해야 한다.

"하나님을 사랑하라"는 모세의 말씀은 구체적으로 이웃을 사랑하고 섬기는데서 표현되어야 한다. 예수님의 가르침이 여기에 정초하여 있다. 다시 말해서 하나님의 나라는 아주 구체적으로 뭇사람들에게서 상실된 하나님의 형상을 일깨워 다시 회복시켜주는 일로 가시화된다. 교회의 존립 근거와 목적도 바로 여기에 있다. 사람들을 하나님이 정하신 질서에 합당하게 살도록, 즉 원래의 인간답게 살도록 일깨워주는 일이 교회의 할 일이다. 사람이 사람답게 살도록 돕는 일. 그것이 교회의 궁극적 목적이어야 한다. 사람이 사람답게 살아갈 때 비로소 하나님의 창조목적과 구원계획은 완성될 것이며 그때서야 비로소 거룩한 이름에 합당한 영광을 받으실 수 있을 것이다.

묵은 한 해를 뒤로 하고 새 해를 바라보는 이 때 우리는 모세처럼 모압 땅에서 약속의 땅을 바라보는 경계선에 서 있다. 과거의 승리에 도취해 있어서는 안 된다. 더욱이 과거의 패배에 벗어나지 못한 채 비관주의에 머무는 것도 용납되지 않는다. 희망이 필요하다. 각오가 필요하다. 그리고 그 희망과 각오를 세우는 기준은 더욱 절실하다. 그 기준은 성서이며 성서는 이렇게 가르친다. 사람과 세상을 사랑하고 섬기며 진리를 우뚝 세워나가라! 온갖 욕망 때문에 난무하는 무질서, 혼돈, 더러움, 불의, 폭력, 술수를 과감히 십자가에 못 박고 새로운 정신, 새로운 마음, 새로운 포부와 계획으로 힘차게 일어서라! 예수를 믿는 형제자매들이여! 하나님이 통치하여 온 세상에 평화와 기쁨, 사랑과 행복이 넘치는 그 나라를 일구어 내는 하나님의 도구가 되어 어둔 세상에 빛이 되는 삶을 의연히 살라!

17. 실질적 무신론자의 반쪽짜리 믿음

창세기 4장은 인류최초의 살인사건이 기록되어 있다. 인류에게 구원과 생명 그리고 희망을 주는 성서의 서두부터 살인사건이라니? 의아한 생각이 날 법하다. 내용인즉, 형제인 가인과 아벨이 일 년 동안 땀 흘린 수고의 산물을 선별하여 하나님께 예물을 드리고 제사를 드린 결과로 살인사건이 발생했다고 한다. 성서는 그들이 언제 어떻게 제물을 드리는 방식을 배웠는지 말하지 않는다. 분명한 사실은 하나님께 제사를 드린 것을 보면 두 사람 모두 신앙심이 두터운 사람들이었음이 틀림없다는 점이다. 그런데 두 사람의 예물 중 왜 한 사람의 예물은 열납 되고 나머지 한 사람의 예물은 열납되지 않았는지 그 연유가 소상히 보도되어 있지 않다. 훗날 신약성서의 히브리서를 기록한 저자는 믿음을 강조하여 해설하는 11장에서 이를 두고 "아벨은 믿음으로 가인보다 더 나은 제사"를 드렸다고 말하고 있을 뿐이다. 도대체 "믿음으로 드린 더 나은 제사"란 무엇을 의미하는 것일까? 가인은 믿음이 없이 드렸다는 말인가? 또 자신의 제사가 열납되지 않았다는 사실을 어떻게 알 수 있었을까? 또 그렇다고 해서 동생 아벨을 죽이려는 마음을 품게 된 심리적 변화는 어떻게 설명할 수 있을까? 믿음으로 드린 제사와 믿음 없이 드린 제사란 어떻게 분별할 수 있을까? 한 마디로 이 기사의 의미는 여러 가지로 추측되기에 딱 알맞다.

이 이야기는 하나님을 믿는 믿음의 모습을 구체적으로 측량하는데 있어서 아주 적절한 근거를 제공해준다. 하나님을 믿는다는 것은 무엇을 말하는가? 하나님을 믿으면 또 어떤 자세와 모습으로 살게 되는가? 등등의 질문에 적절한 성서적 답변을 얻을 수 있게 해 준다는 말이다.

무엇보다도 우리는 이 살인사건의 시발점이 하나님을 예배하는 예배 공동체 안에서 발생했다는 사실에 주목할 필요가 있다. 불신자가 신자를 살해한 것이 아니라 신자가 다른 신자를 살해한 사건이라는 점이 눈에 띈다. 그리고 이런 관찰은 참다운 믿음이 무엇인지를 생각하게 만든다. 사실 신앙인이라고 해서 다 똑같지 않다. 좋은 믿음, 나쁜 믿음, 성숙한 믿음, 미숙한 믿음. 훌륭한 믿음, 비난 받아 마땅한 믿음. 온전한 믿음, 반쪽짜리 믿음. 각양각색이다. 가인의 믿음은 일종의 나쁜 믿음, 반쪽짜리 믿음에 속한다. 그것은 예배를 드려야 한다는 기본지식에는 충실하지만 예배의 궁극적 목적이 무엇인지를 망각하고 자기 멋대로 실행에 옮기는 삶의 상징이다.

예배를 통해 신자가 학습하는 것은 예배자들이 하나님의 이름으로 함께 평화롭게 살아가는 일에 있다. 나의 예배와 너의 예배는 신앙의 이름으로 아름답게 조화를 이루어야 한다. 나의 예배만이 소중하고 너의 예배는 무시되어도 좋은 것이 아니다. 예배를 받으시는 주체는 하나님이다. 예배를 받으시고 그것을 기뻐하실지 않을지는 오로지 하나님의 판단에 달려 있다. 내가 드린 예배로 하나님을 내 마음의 소원대로 조종할 수 있다고 생각한다면 그것은 큰 오산이다. 예배를 드렸다고 해서 하나님께 대한 의무를 완수했다고 여겨도 그것 역시 큰 착각이다. 예배란 삶의 결과를 드리는 일이다. 예배를 드리기에 앞서 살아온 삶의 자취가 예물에 담긴 정성과 비례하여 고스란히 남아 있다는 사실을 잊지 말아야 한다. 지나온 삶이 엉망인데 예배를 드렸다고 해서 하나님이 망가지고 때 묻은 삶에 눈감아주시지는 않는다. 예배는 곧 삶의 표현이다. 삶이 아름다울 때 아름다운 예배, 열납되는 예배가 될 수 있을 것이다. 삶이 악하고 추잡하다면 그런 상태로 드린 예배란 결코 열납되지 않는 예배라고 할 수 있다. 가인은 그런 의미에서 진정한 예배를 드리지 못했던 것으로 이해된다. 그리고 그런 가인이 동생 아벨을 죽인 것은 결국 자신이 하나님을 진실로 충분히 믿고 있지 않다는 단적인 증거이다. 그는 하나님을 믿는다고 하면서도 하나님의 고유권한인 생명수여의 원칙을 위배하고 스스로 하나님의 자리에 올라 고귀한 생명을 빼앗을 흉악한 마음을 품고 이를 실행에 옮겼다. 살인한 그의 영혼 속에는 더 이상 하나님이 존재하지 않은 것과 다를 바 없다. 그는 실질적 무신론자이다. 그런 그가 하나님을 믿는다면서 예배하는 자리에 앉아 있다면 그것은 반쪽짜리 신자의 가증한 소행에 불과하다. 참으로 믿는 자는 어떤 상황에서도 자기를 주장하지 않고 남에게 생명을 공급하고 그것을 더 풍성하게 하는 사람이다. 예수께서 그러하셨듯이. 혹시라도 우리 자신이 실질적인 무신론자의 위치에서 있지는 않은 지, 반쪽짜리 믿음을 갖고 이웃에 해악을 도모하고 있지는 않은지 깊이 헤아려볼 일이다.

18. 성공지향주의의 함정

초원에서 양떼를 치던 시절. 한가하면서도 긴장을 늦추지 않고 성실히 생활하던 한 인물에게 일생일대의 변화가 일어났다. 하나님의 사람이요 온 이스라엘에 존경을 한 몸에 받던 선지자 사무엘이 집에 찾아와 부모와 형들 보는 앞에서 거룩한 기름을 부은 것이다. 와중에 블레셋이 공격해오고 형들은 이 전쟁에 징집되었다. 집에 홀로 남은 이 막내는 아버지의 심부름으로 형들을 위로하러 간 전쟁터에서 우람하게 생긴 블레셋 장군이 이스라엘의 하나님 여호와를 모욕하는 소리를 들었다. 중심에서 분노가 치밀어 오르자 그와 대적할 용기가 충천한 그는 그 블레셋의 장수를 단번에 돌팔매질로 쓰러뜨리고 목을 베었다. 그는 이스라엘 온 군대의 환호를 받았고 이때부터 출세가도를 걷게 된다. 졸지에 이스라엘의 전쟁 리더로 부상한 그는 보상으로 왕의 딸 미갈을 아내로 맞이하고 블레셋 군대를 무찌르는데 앞장서게 된다. 왕자 요나단의 사랑조차 한 몸에 받은 그이지만 왕의 시샘을 받아 한 번은 왕이 던진 단창에 맞아 목숨을 잃을 뻔한 적도 있다. 그는 이 위기를 가까스로 피하여 도망하는 신세가 된다. 아둘람 굴로 도피할 때 온 가족과 이스라엘의 빚진 자, 환란 당한 자, 원통한 자 400명이 그에게 몰려왔다. 민심을 얻게 된 그는 본격적인 전투와 도피생활 속에서도 혁혁한 공을 세우고 명분과 명예를 지키며 이름을 떨치게 된다. 한 때 불가불 블레셋에 망명한 적도 있었지만 전쟁에 한 번도 패한 적이 없는 그는 전리품을 독차지 하지 않고 병사들에게 골고루 나눠주고, 빼앗은 토지가 있으면 장수들과 마을의 장로들에게 공정하게 나눠주어 인정을 베풀었고 그래서 그 누구에게도 불평을 듣지 않았다. 결국 자기를 미워하던 사울 왕이 죽자 그는 유다 지파의 왕으로 추대되었고 이스라엘 지파는 죽은 사울 왕의 아들 이스보셋이 치리하게 되었다. 유다와 이스라엘의 지리한 싸움 끝에 그는 온 이스라엘의 왕이 되었다. 그가 다윗이다.

그동안 살아온 다윗의 생애를 돌이켜보면 참으로 숨 가쁘게 달려온 삶이었다. 그의 생애는 성공적인 삶이었다. 성공한 사람은 쉬지 않고 달리는 사람이다. 목표를 위해 앞만 보고 달렸다. 그러나 그는 오로지 왕이 되기 위해서 살았던 것은 아니다. 그저 주어진 과업을 사욕 없이 성실히 수행했을 따름이다. 그리고 인정을 베풀기를 주저하지 않았다. 양떼 모두가 향긋한 풀을 골고루 먹을 수 있도록 배려하는 마음이었을 것이다. 모두를 헤아리는 마음이 그에게 지도자로서 꼭 필요한 성공요인이었다고 해도 과언이 아니다.

어느 날 그에게 일생일대의 위기가 닥쳐온다. 온 이스라엘 주변의 원수들을 평정하고 나라의 평화를 일구어내던 시점이다. 여느 때 같았으면 전쟁에 출정했을 그에게 한 순간의 나태가 찾아온 것이다. 그의 나태는 오랜 피로 끝의 휴식이었을 수도 있다. 한 나절의 단잠에서 깨어 석양에 궁전 옥상에서 평화로운 예루살렘을 내려다보던 그의 눈에 띤 것은 아리따운 여인의 목욕하는 장면이었다. 그것은 숱한 전쟁을 겪었던 영웅이 맛보지 못했던 새로운 세계로의 유혹이었다. 이룰 만한 것은 다 이룬 다윗은 이 여인과 달콤한 사랑에 빠져들었다. 밧세

바의 품에서 벗어나지 못한 그는 자기의 불륜 행위를 은폐하려 시도하지만 수포로 돌아가자 결국 밧세바의 남편 우리야를 우연을 가장하여 전쟁터에서 살해하였다. 다윗의 우리야 살해! 그 피의 댓가는 급기야 평화롭던 왕실에 피바람을 몰고 왔다. 왕자가 공주를 겁탈하기도 하고 배다른 왕자들끼리 서로 싸워 죽이기도 하고 왕자 압살롬의 반란을 막아내지 못하여 다윗이 왕궁에서 도피하는 수모를 겪기도 하였다.

성공을 지향하는 삶에는 예기치 못하는 함정이 곳곳에 도사리고 있다. 성공! 모두가 꿈꾸는 일이다. 그러나 성공이후가 더 중요하다. 아니 성공을 지켜내는 일이 더욱 소중하다. 성공을 위해 달리는 사람들의 삶에 제공되지 못하는 위로가 다윗의 경우처럼 엉뚱한 방향으로 표출되는 주변의 사례들이 경종을 울린다. 한 순간의 그릇된 판단은 엄청난 불행을 초래할 것이다. 그리고 그것은 이제껏 쌓아온 명예로운 삶을 한 순 간에 무너뜨릴 수 있다. 다윗처럼 성공을 꿈꾸는 신앙인들이여! 돈과 명예 그리고 정욕의 유혹은 언제 어디서든 찾아올 수 있다. 처음 시작한 아름다운 신앙의 경주를 인내와 절제로 끝까지 완주해주길 바란다.

19. 교 만

성서의 많은 교훈 중에 하나는 하나님이 인간의 교만을 심판하신다는 사실이다. 주전 8세기 예언자 이사야는 높아진 것이 낮아질 때가 오므로 교만하지 말라고 경고하기로 유명하다. 아마도 왕들이 스스로의 권력과 군사력을 믿고 하나님을 신뢰하지 않았기에 그런 예언의 말씀이 나왔을 것이다. 이와 같은 맥락에서 주전 7세기 예언자 스바냐는 땅의 겸손한 자를 칭찬하고 있다. 교만! 쉬운 말인 것 같지만 그 실제적 의미를 놓치기 쉬운 삶의 태도이다. 성서가 말하는 교만의 정확한 의미는 무엇인가?

창세기 11장의 바벨탑 이야기는 교만에 대한 성서적 교훈을 설명하기 아주 적당하다. 원래 이 기사는 인간의 언어와 종족이 왜 이리 다양해졌는지를 해명하는 내용으로만 설명하는 게 고작이다. 그러나 하나였던 언어와 종족이 분화하게 된 이 사건의 사회적 현실을 감안한다면 좀 색다른 의미가 도출된다. 언어와 종족이 하나였던 시절, 사람들은 함께 이동하다가 시날 평지에 머물게 되었고 그 때 아주 중대한 계획을 수립하였다. 그것은 다름 아니라 그들의 이름을 내고 흩어짐을 면하기 위하여 성과 대를 쌓자는 계획이었다. 성은 도시를 말하고 대란 종교행위를 할 수 있는 제단을 의미한다. 계획은 곧 실행에 옮겨졌다. 한참 하늘 높이 솟은 성과 대를 쌓고 있는데 이와 같은 계획의 실행을 하늘에서 살펴보시던 하나님이 이런 일은 대단히 위험하여 다시는 막을 수 없을 것으로 판단하시고 사람들의 언어를 다르게 하셨다고 한다. 뭐가 그리 위험하였을까? 어떤 점을 염두에 두시고 그리하셨을까? 높이 치솟은 성과 대란 고금의 인류 문화에서 흔하게 볼 수 있는 건축물이다. 왜 다른 건축물들은 내버려두시고 이곳에만 하나님께서 심판의 손길을 보여주었을까? 이 사건 이후 전개된 성서 역사 속에서 이와 같은 방식으로 인류의 건축물을 처리하신 경우를 또 찾아볼 수 있는가? 바벨탑 사건이 주는 교훈을 성서의 다른 사건들과 일맥상통하게 하나님의 섭리와 의지에 비추어 설명할 수 있는 길이 있다.

도시를 건설하자는 말은 아무나 할 수 있는 말이 아니다. 도시란 정치적 중심지를 말한다. 도시에는 사람과 물자와 힘이 집중되는 곳이다. 또 도시는 위계사회를 형성한다는 의미이기도 하다. 다시 말해서 통치자와 백성으로 권력의 상하가 나뉜 사회를 뜻한다. 게다가 종교란 신의 이름으로 사람들을 하나로 묶어 둘 수 있는 제도이다. 지상의 권력 그리고 하늘의 권력이란 두 지렛대가 있어야 통치행위가 가능한 것이 고대 사회였다(현대사회도 그것은 통용된다). 한편, "이름을 내자"는 취지란 알고 보면 통치자의 이름을 내자는 말이고 "흩어짐을 면하자"는 취지란 백성들에게 간접적인 위협을 가해 회유하는 것에 불과하다. 결국 "성과 대를 쌓고 이름을 내고 흩어짐을 면하자"는 계획은 알고 보면 통치자들이 자신의 권력중심 사회를 확립하려는 의지의 표현이며 백성들의 노동력을 강제하여 이에 이용하려는 뜻이었던 것이다. 고금을 막론하고 위대한 건축물은 모두 이름 없고 개미 같은 백성들이 쉴 틈 없이 흘린 피땀과 엄청난 시간의 희생으로 이루어진 것이다. 그러나 정작 남아 있는 건축물은 위대한 통치자의 이름으로 일컬어지게 마련이다. 또 정치는 모름지기 하늘의 뜻에 합치하지 않으면 신뢰받기 어렵다는 속성을 이용하여 신을 섬기는 제단을 쌓고 종교 행사를 통해 백성들의 마음이 이탈하지 못하게 하려는 것이 바벨탑 건설의 내막이다. 결국 백성들은 지루한 노동 끝에 지쳐 더 이상 지도자들의 결정에 수긍할 수 없어 드디어 성과 대 쌓기를 중단하였을 것으로 보인다. 이것이 아마도 하나였던 언어가 서로 달라진 실체적 현실이었을 것이다.

여기서 하나님이 가장 위험스럽게 본 것은 무엇일까? 그것은 바로 대다수 백성들이 소수의 통치자들에 의해 인권이 유린당하는 일에 있다. 창조질서에 따르면 모든 사람은 하나님의 형상대로 지음 받은 고귀한 피조물이며 서로 동등한 존엄성을 갖고 있다. 누가 다른 사람을 어떤 이유로도 함부로 다루지 못한다. 권력이 있든 돈이 있든 지식이 있든 지위가 높든, 사람이라면 누구든 모두 존중받아야 한다. 그런데 소수 권력자들은 자신의 권력과 부와 지위를 이용하여 자기네 이름과 명예를 위해 수많은 백성들의 고귀한 생명을 부려먹는 것이 예사이다. 이것이 교만이다. 자기가 남보다 우월하다고 믿고 남을 함부로 강제하거나 혹은 회유하여 자기 뜻대로 조종하려는 모든 행위와 정신자세가 교만이다. 그것이 바벨탑 사건에는 탑을 쌓는 행위로 드러났을 뿐이다. 이후 애굽의 바로가 쌓은 비돔과 라암셋 국고성 건축이나 솔로몬의 성전도 여기서 예외가 아니다. 이집트의 피라밋, 중국의 만리장성, 한국의 거대한 궁궐이나 호화스런 사찰도 여기에 포함된다. 모두 성서가 금기시하는 소수 지도급(정치, 종교, 사회영역을 포함하여) 인사들의 교만의 산물이다.

교만하지 말라. 남을 나보다 낮다고 여기거나 스스로의 가진 것을 믿고 남을 함부로 다루거나 조종하려고 하지 말라. 하나님이 가장 싫어하는 자세이다. 대신 겸손하라. 남을 나보다 더 낫게 여기고 존중하라. 더불어 살라. 그렇게 사는 것이 하나님을 가장 기쁘시게 하는 일이다.

20. 약자를 편드시는 하나님

고대 이스라엘 역사 속에서 나타난 계시의 하나님은 약자를 편드시는 하나님이다. 믿음의 조상 아브라함은 가나안 땅에서 고향 갈대아 우르를 떠나 낯선 땅에서 정착했다. 그래서 자신의 권리를 주장하지 못하고 기존 정착자들의 눈치를 보면서 전전긍긍하며 살아야 했던 나그네였다. 야곱의 자손들도 애굽 땅에서 이방인으로 수 백 년을 살았다. 애굽 왕 바로가 그들을 국고성을 짓는데 강제노동 하도록 징발하여도 자신들의 권리를 주장할 형편이 못되었다. 애굽 땅의 이스라엘 자손들은 이방인으로서 온갖 고난과 역경을 감내해야 했다. 고난 받던 애굽 땅에서 벗어나길 소원하는 이들의 염원은 여호와 하나님의 구체적인 간섭으로 마침내 이루어졌다. 그들이 약속의 땅으로 진입하여 여리고 성의 정복을 가능하게 해 주었던 장본인은 다름 아닌 그 사회에서 가장 천대받는 창기 라합이었다. 이스라엘이 나라를 일구었을 때도 그들은 주변 강대국에 비해 지극히 약소한 국가로 출발하였다. 다윗은 형제 중에 유업을 받기 힘든 막내였고 솔로몬 왕자도 장자가 아닌 형편에서 왕위를 계승하기에 이르렀다.

언약백성이 기억해야 할 가장 중요한 점은 자신들이 본래 약소한 오합지졸이었는데 여호와 하나님의 은혜로 땅을 차지하여 살고 있다는 사실이었다. 히브리인이란 말의 본래의 뜻이 이것이다. 사회적 고정관념에서 볼 때 불온한 이방인들. 그러나 그들 중 일부는 나라를 일구고 권력을 잡으면서 힘을 갖게 되자 이런 출발을 깨끗이 망각하고 살았다. 그들은 힘없고 가난한 농민을 억압하고 착취하여 부를 획득하기에 이르렀다. 명분은 언제나 백성을 위한다고 하지만 백성들에게 돌아가는 부의 재분배란 거의 존재하지 않았다. 예언자들이 등장하게 된 이면에는 부익부 빈익빈의 사회 구조적 악순환이 자리하고 있었다. 그래서 이제 여호와 하나님은 권력을 쥔 위정자들의 편에 서지 않고 힘없고 가난한 농민들 편에서 역사를 진행시켜 나갔다. 나라를 패망시키고 성전을 파괴하도록 내버려 두는 극단적 조치들이 가시화되면서 하나님은 가난하고 약한 대다수 농민들의 편을 들었다. 강대국에게 나라를 잃고 패망한 위정자들은 또다시 약자의 처지로 전락했다. 포로 생활을 하는 유다의 지도자들 편에서 하나님은 그 나라의 회복을 약속하며 약자인 그들이 희망을 갖는 일을 결코 반대하지 않았다.

성서의 하나님은 일관되게 약자의 편을 드시는 하나님이다. 간혹 강자인 위정자들의 편에서 승리를 주시는 경우가 있다 하더라도 하나님의 궁극적인 관심은 약자인 대다수 백성들의 입장을 배려한 까닭이었음을 간과해서는 안 된다. 성서의 율법에 고아와 과부와 객과 레위인을 배려하는 법규가 명시되어 있는 이유도 여기에 있다. 아브라함과 사라의 핍박을 받아 광야로 쫓겨난 애굽 여종 하갈과 그에게서 난 아들 이스마엘도 따지고 보면 가부장 사회의 약자였다. 이 경우에도 여호와 하나님은 이들에 대한 위로와 약속을 결코 잊지 않으셨다.

예수님의 공생애 동안 만난 대다수의 사람들 역시 사회 제도 내의 약자들이었다. 병든 자, 따돌림 받는 자, 가난한 자 등등. 아프고 슬프며 온갖 삶의 고난을 겪는 모든 이에게 예수님은 차별 없이 다가갔다.

예수를 믿는 교회와 신앙인들이 잊지 말아야 할 사실이 여기에 있다. 우리가 존재하는 이유는 약자를 위하는 일에 있다. 사회적 편견과 차별에 온갖 수모와 고충을 겪는 남녀노소 내국인 이방인 그 누구든지 구별 없이 다가가야 하며 도움과 위로의 손길을 뻗쳐야 한다.

개인과 사회의 형편은 언제든 뒤바뀔 수 있다. 한때 약자였던 사람은 강자로, 강자는 다시 약자로. 그러나 하나님은 언제나 그 어떤 경우라도 항상 약자의 편이다. 그러므로 교회는 약자의 편에 서야 한다. 우리 구성원 가운데 아니 우리 사회의 구성원 가운데 약자의 처지에 있는 누구든 교회는 차별 없이 도움과 위로의 손길을 내밀어야 한다. 누구는 되고 누구는 안된다는 기준조차 선행적으로 만들어서도 안된다. 약한 자라면, 고난당하는 자라면, 그 누구든지 하나님을 믿는 우리의 실질적 도움이 필요하다. 피조물 모두가 하나님의 시각으로 공평하고 동등하게 대접받아 평화를 누리며 사는 그 날까지 교회는 사회적 편견과 고정관념을 타파하고 개혁하며 중단 없이 도움의 손길을 내밀어야 한다.

21. 테러리즘에 대한 성서적 교훈

요즘 우리는 테러리즘이란 말이 생소하지 않은 세상을 살고 있다. 테러리즘이란 실제로 희생자에게 구체적인 충격을 줄 목적으로 취해진 행동이라기보다는 대상자들에게 두려움을 자아낼 목적으로 취해진 행동이라는 점을 사회과학자들은 강조한다. 이 테러리즘은 통상 아래로부터의 테러리즘과 위로부터의 테러리즘으로 구분할 수 있다. 전자는 지배그룹 외부사람들이 기존 그룹에게 두려움과 불안감을 심어줄 의도로 취해진 행동이고 후자는 국가와 그 대리인이 자행하는 위압적인 협박을 말한다. 영국의 배우였고 유니세프(UNICEF) 자원봉사자였던 우스티노브 경은 "테러리즘은 가난한 자의 전쟁이고 전쟁은 부자의 테러리즘이다"고 둘 사이의 차이를 짚어낸 바가 있다. 근자에 한 시민이 국가의 처분을 테러리즘이라 여기고 이에 분개하여 국보(남대문)를 불태웠다. 그는 이 방화라는 테러리즘에 의지하여 국가에 위협을 가할 작정이었다. 이 테러는 나라와 개인 모두에게 엄청난 손상을 입혔다. 이와 유사한 종류의 테러는 국가든 개인이든 헤아릴 수 없이 많이 벌어지고 있다.

성서는 테러리즘에 대하여 무엇이라고 말하는가? 성서의 페이지마다 강대국 혹은 강자에게 짓눌려 신음하고 피해당하는 사람들의 신음소리로 가득하다. 출애굽 백성들로 구성된 이스라엘이었으니 오죽했겠는가? 주전 7세기 말에 활동한 선지자 나훔의 글은 북 왕국 이스라엘을 패망시키고 남 유다 왕국에게 100년 넘도록 조공을 받아온 나라 앗수르의 수도 니느웨가 몰락하는 장면을 생생하게 그리고 있다. 나훔은 1:2에서 이와 같은 행동을 일으키시는 하나님을 가리켜 "여호와는 질투하시며 보복하시는 하나님이라"고 천명하면서 하나님의 공의로운 판단을 찬미하고 있다. 나훔서 2장과 3장은 니느웨의 지형과 형세에 대한 소상한 지식을 바탕으로 도성의 파괴 현장을 하나도 놓치지 않고 아주 리얼하고 생동감 있게 묘사하고 있다. 나훔서 3장은 도성 구석구석을 파괴하러 다니는 군마의 움직임을 비아냥거리는 어조와 운율로 신명 나게 읊고 있다. 원수의 나라요 도성이니 그 나라에게 한을 품은 백성이 이를 보고 얼마나 가슴 후련했겠는가?

여기서 강대국 앗수르는 모든 테러리즘의 전형이요 이 노래를 읊조리는 약소국 유다 민족은 테러를 당한 모든 약자의 전형이다. 일제강점기의 한국 처지를 연상해보라. 당시 일본은 한국 사람에게 온갖 테러를 서슴지 않았다. 고대의 앗수르 제국이라고 달랐겠는가? 지금 나훔서는 위와 같은 잔인무도한 테러리즘을 자행했던 당사자에게 하나님의 무섭고도 철저한 심판을 노래하고 있는 것이다. 나훔서는 결코 폭력행사를 정당화하는 성서가 아니다. 배타적 민족주의에 젖어 자기네 민족의 생존만을 최고 가치로 두라는 성서는 더더욱 아니다. 나훔서는 오직 세계 여러 나라들의 상호 역사 속에서 질서와 공의를 세워가시는 엄위하신 하나님의 모습을 교훈하는 성서이다.

지금도 (정치적, 경제적, 사회적, 인종적, 종교적)강자는 (정치적, 경제적, 사회적, 인종적, 종교적)약자에게 유형무형의 테러리즘을 자행하고 있다. 이를 극복할 수 없는 약자가 호소하는 방식은 역시 유형무형의 테러리즘이다.

그래서 이 테러리즘의 악순환은 끝이 없이 이어질 전망이다. 내 이익을 추구하느라 남의 이익을 짓밟을 때 상대는 이에 대한 피해의식으로 복수를 다짐하게 되고 그것이 결국 다양한 방식의 테러로 나타나리라는 것은 모두가 아는 상식이다. 그러나 성서는 교훈한다. 이 악순환의 고리를 끊을 방도가 오직 하나있다고! 그것은 나의 이익추구를 포기하고 너의 이익을 우선 고려하는 길이다. 강자의 경우는 이와 같은 태도와 양보가 가능하다. 강자는 훨씬 좋은 여건과 풍부한 환경을 소유하고 있기 때문이다.

모두가 함께 행복하게 살아가는 세상을 만드는 것이 그리스도인의 사명이다. 상대에게 테러를 가하지 않는데 그치지 않고 적극적으로 그의 이익을 우선 고려하는 삶을 살아갈 때 이 세상에 테러리즘이 발붙일 곳이 없어질 것이다. 국가든, 집단이든, 개인이든 우리 그리스도인은 문제와 갈등을 테러에 호소하는 방식을 단호히 배격해야 할 것이다. 그리스도인이 호소하며 살아야 할 삶의 자세는 섬김과 돌봄이다.

22. 포기할 수 없는 개혁

강대국 바벨론에게 나라의 운명이 풍전등화의 위기를 경험하게 된 예루살렘 제사장 에스겔. 그는 일찍이 하나님으로부터 민족의 파수꾼으로 세움을 입었으나 나라의 위기를 제일 먼저 포착하고 민족에게 경고의 목소리를 외쳐야 함에도 불구하고 말을 못하는 실어증에 걸려 자기 집 방안에 틀어박혀 지내야 했다. 몸짓으로 신호를 보냈지만 이를 깨닫지 못하는 민족은 결국 패망하고 나라의 지도자들은 바벨론에게 포로로 사로잡혀 갔다. 그도 예외가 아니었다. 포로로 사로 잡혀가 체류하던 강변에서 기도하던 중 그는 환상 중에 영광의 광채 속에 사방으로 마음껏 움직일 수 있는 보좌에 앉으신 여호와 하나님을 뵙고 나라가 파괴된 이유를 확연히 깨닫게 된다. 예루살렘 성전에서 제사를 수행했던 그는 처음에 왜 여호와 하나님이 선택하고 400여 년 이상 선택받은 민족의 삶과 정치의 중심지 역할을 감당했던 다윗의 도성 예루살렘과 영광스런 성전이 역사의 한 순간에 이방인에 의해 그토록 무참히 짓밟혔는지 이해할 수 없었다. 게다가 그토록 거룩하게 여겼던 성물들이 아무런 통제력을 발휘하지도 못한 채 도둑질을 당했는지 이해할 수가 없었다. 하나님은 죽었는가? 하나님은 힘을 잃었는가? 하나님은 강대국의 신과 싸움에서 졌는가? 하나님은 선민을 버렸는가?

그가 깨달은바 나라가 멸망당하고 성전이 파괴된 이유는 이렇다.

민족의 지도자들이 모두 여호와 하나님이 바라시는 거룩함을 오해하고 자만하고 방자하게 굴었다는 것이다. 그들은 표면으로는 하나님께 예배하면서도 성전 뒷방에서 은밀하게 우상들을 숭배했었다. 역사와 전통에 안주하고 현재의 번영과 안정을 자랑할 뿐 이방인의 위협 앞에서 아무런 대비도 없이 무사 안일했다. 결국 여호와의 영광은 일찌감치 더러워진 성전을 떠났던 것이다. 그래서 이방인들이 거리낌 없이 성전의 지성소에 들어와 마음껏 훼파하였던 것이다. 성전에는 하나님이 더 이상 머물러 계시지 않았던 것이다. 선민 유다 백성은 눈앞에서 나라가 망하고 성전이 무너지는 광경을 목도해야 했다. 그 누구도 간섭하거나 도와주지 않았다. 이 민족에게 또 다른 희망이 남아 있다는 말인가?

그러나 예언자 에스겔은 암흑의 순간에 그 누구도 감히 가질 수 없는 희망을 품었다. 그는 마른 뼈가 가득한 골짜기에서 환상을 보았다(37장). 마른 뼈들은 여호와가 불어넣은 생기로 살아있는 사람들이 되고 큰 무리를 이루었다. 군대가 된 것이다. 그들은 마곡 땅에 있는 곡과 최후의 전쟁을 벌여 완전히 승리할 것이다(38-39장). 마지막으로 그는 새롭게 정화된 성전을 중심으로 새로운 나라를 건설하는 청사진을 소상히 언급한다(40-48장). 여기서 기억할 것은 그가 진술한 새로운 성전과 나라 건설 계획이 실제 역사의 현장에서 결코 실현되지 않았다는 사실이다. 왜냐하면 그가 세운 계획들은 지극히 비현실적이고 아주 이상적인 생각들로 점철되어 있기 때문이다. 성전을 중앙에 두고 12지파에게 약속의 땅을 공평하게 분배하는 계획만 보아도 이를 잘 알 수 있다. 그는 팔레스틴의 지형적 여건을 무시하고 성전 위로 6지파, 아래로 6지파에게 평행하는 띠 모양으로 할당하는 계획을 세웠다. 심지어 성전 남부에 위치했던 유다지파마저 성전 북부에 배당하였다. 이렇게 이루어지지 않을 아니 비현실적인 성전 재건의 꿈이 왜 성서로 기록되고 신앙공동체가 계속해서 읽었을까? 그것은 한 마디로 그 누구도 결코 포기할 수 없는 꿈이었기 때문이다. 그가 성전과 민족 개혁의 꿈을 품는 일은 당시 상황으로 볼 때 아주 가상했다. 그의 꿈은 그것을 듣는 모든 이들로 하여금 공감대를 형성하고 모든 이에게 희망과 용기를 불어넣어 주었음이 틀림없다.

한국 개신교에 대한 위기론이 보편적으로 확산되고 있다. 최근에 모 공영방송이 몇몇 대형교회 지도자들의 문제를 지적하였고 이에 대해 한국 기독교의 대표적 기관이 방어적인 자세로 이 방송을 비난했다. 위기를 위기라고 소리쳐 말하는 사람들의 지적을 듣고도 이를 개신교가 교회 죽이기요 나는 모르쇠로 일관한다면 과연 우리가 에스겔이 겪었던 것과 동일한 수모와 패배를 피할 길이 있을까? 모든 것을 잃고 그제서 개혁 운운 한다면 이미 때는 늦다. 개신교 신앙인들의 삶이 모두 마른 뼈다귀들처럼 황폐해진 연후에야 여호와 하나님의 생기 불어 넣어주심을 기다릴 것인가?

어디서부터 어떻게 개혁해야 하는가? 아니, 우리의 꿈은 무엇인가? 민족복음화 아니던가? 진정으로 이 꿈을 성취하기 원한다면 앞서 지적받은 대형 교회들은 자성하고 겸허히 개혁의 대열에 합류해야 한다. 그리고 모든 교회가 다함께 자성하고 개혁의 몸부림을 쳐야 한다. 성전 혹은 교회의 기능도 새롭게 가르쳐야 한다. 교회는 모든 이에게 참다운 삶의 희망과 용기를 불어넣어 주는 제도가 되어야 한다. 그래서 온갖 비리와 암투의 장소로 인식되는 것을 불식시켜야 한다. 또 예전과 교리로 무장하여 그 누구도 비판하지 못하는 철옹성 같은 리더쉽과 교회로 만들어서는 안 된다. 믿음을 가진 모든 이들이 교회 생활에 동등하게 참여하여 그들의 소박한 신앙적 희망으로 교회를 새롭게 해야 한다. 누구라도 교회를 안식처로 삼으며 교회의 존재를 이 민족의 삶에 없어서는 안될 소중한 제도로 여기게끔 만들어야 한다. 그러기 위해서는 지도자들은 지금보다 훨씬 권위의 벽을 낮추어야 한다. 예수님처럼 말이다. 어쩌면 지도자들의 권위의 벽이란 아예 허물어야 할지도 모른다. 교회는 오로지 하나님의 말씀이 교훈하는 진리만을 최고 권위로 내세워야 한다.

에스겔이 나라 패망의 암흑 속에도 포기하지 않았던 꿈. 그 개혁의 꿈을 오늘 우리도 가져야 한다. 그런 꿈이 있는 곳에 밝은 내일이 있다.

23. 고난의 신비: 왜가 아닌 어떻게

인류에게 성서를 주신 하나님을 소리 높여 찬미하고 싶다. 이유는 간단하다. 하나님은 우리가 갖고 있는 이 성서를 통해서 하나님을 더욱 깊이 알게 하시기 때문이다. 그리고 그 높이와 넓이는 이루 형언할 수 없다. 그 한계를 단정할 수 없을 만큼 성서는 우리의 하나님 이해를 한껏 도모한다. 많이 읽고 깊이 생각하는 만큼 성서의 의미는 우리에게 가까이 다가온다. 그런 은혜는 시대를 초월하여 언제나 발휘된다.

기독교가 이 세계에 모습을 드러낸 이래, 아니 예수 그리스도의 가르침 이래 그의 제자들로부터 시작해서 바울, 어거스틴, 아퀴나스, 루터, 칼빈, 웨슬레 등등 최근까지 숱한 신앙인들은 예수의 가르침에 근거하여 그리고 전해오는 성서와 교회 그리고 신앙적 삶에 근거하여 다양한 방식으로 특히 무슨 무슨 신학이란 이름으로 하나님 이해의 길을 안내해왔다. 그런 신앙의 선배들의 가르침이 오늘 우리 모든 신앙인의 신앙골격을 이루어 왔음을 인하여 머리 숙여 진심으로 감사드리고 싶다. 그러나 그런 신학들은 때로 인본주의와 신본주의의 꼬리표를 달고 서로를 공격하여 상처를 주는 일도 서슴지 않았다. 신학의 본래 목적을 잊은 채….

욥기에 등장하는 욥이란 인물의 이야기는 오늘날 신학적 사고의 흐름에 큰 방향전환을 요구한다. 욥의 이야기는 그저 고난 받는 신앙인의 문제에 대한 성서적 해답서로만 읽혀지지 않는다. 동방의 우스 사람 욥은 "순전하고 정직하여 하나님을 경외하고 악에서 떠난" 유명한 족장이었다(1:1). 그런 그의 일상에 때 아닌 고난과 아픔이 예고 없이 찾아든다. 하루아침에 재산을 잃고 사랑하는 자녀들이 죽고 아내가 떠나며 욥 자신은 온몸에 악창이 나서 극심한 고통 가운데 빠진다. 하늘에서는 그의 믿음을 시험하는 것이었지만 인간 세계에 발을 딛고 사는 욥의 입장에서는 그 이유를 알 길이 없다.

친구들이 찾아와 각기 욥에게 벌어진 일들을 놓고 저마다의 식견으로 이를 해설하고 충고하였다. 말하자면 이해할 수 없는 고난의 문제에 대한 나름대로의 신학적 해답을 제시하고 있는 것이다. 엘리바스, 빌닷, 소발, 엘리후라 불리는 친구들은 모두 죄를 지으면 벌을 받는다는 식의 인과응보 신학에 입각하여 욥에게 분명히 숨기고 있는 잘못이 있다고 판단한다. 그래서 그 죄를 회개하면 용서를 받고 고통에서 놓임을 받을 수 있다고 장담한다. 그것은 불난 집에 부채질하기였다. 그런 친구들의 위로 아닌 위로, 협박성 언설에 욥이 동의할 리 만무하다. 이에 욥은 자기주장으로 맞선다. 자신이 겪고 있는 고난은 전혀 이유가 없는 것이요 하늘의 잘못된 조치 때문이라는 것이다. 급기야 욥은 자신의 생각을 절대선으로 놓고 자신을 이유 없이 곤경에 빠뜨린 하나님의 섭리에 이의를 제기하기에 이른다. 하나님의 처사가 옳지 못하다는 것이다.

이에 드디어 하나님의 연설이 시작된다(38-41장). 그것은 폭풍 가운데 전해지는 장광설이었다. 그런데 그 연설 속에서는 어디서도 욥이 고난에 처하게 된 이유를 말씀하지 않으신다. 하나님은 이 세상 만물을 다스리는 일을 열거하는 일에만 몰두하고 있다. 어쩌란 말씀인가?

아니 여기에 무슨 의미가 담겨 있는가?

간추려 말한다면 하나님의 연설이 지닌 의미는 이렇다. 욥을 포함하여 욥의 친구들이 고난에 대하여 가진 해석은 사람의 경험에 바탕을 둔 신학에 의지한 것들이다. 그것이 무엇이든 하나님의 생각 그대로일 수 없다. 아니 하나님이 이 세상을 운영하는 방식에 비하면 너무나 무의미한 것들이다. 사람들은 자신들의 경험과 생각에 벗어날 수 없다. 해서 사람들이 내세우는 신학이란 인간본위일수밖에 없다. 그러나 온 세상 만물의 주인이신 하나님은 사람을 위시해서 관리하고 다스려야 할 세상이 너무나 많고 크다. 하나님은 모든 피조세계를 돌보느라 사람들의 신학에까지 관여할 겨를이 없다. 하나님의 주권을 침해하는 신학 이론이 있다면 그것은 하나님의 생각과 다름이 분명하다. 하나님은 사람들이 만들어놓은 아니 사람들이 이해하는 정도의 원리와 이론에 따라 움직여야 하는 분이 아니라는 뜻이다. 하나님은 자유롭다. 사람이 하나님더러 자신들이 정해놓은 규칙에 따라 이래라 저래라 할 수 없다. 사람들이 만들어놓은 신학의 원칙에 맞추어 하나님이 행동해야 할 아무런 의무가 없다는 말이다. 결국 하나님은 신학 위에, 신학 너머에 존재하신다. 인간의 신학에는 한계가 있다. 그러므로 우리가 구축한 신학이론에 따라 하나님이 행동하지 않을 수 있다는 결론이 나온다.

인간이 겪는 고난은 이러한 하나님의 자유로운 결단에서 비롯된다. 사람은 그 자세한 이유를 알 도리가 없다. 고난 중에 있는 사람은 그저 고난에 어떻게 대처해야 할지 그 자세만 요구될 뿐이다. 고난의 이유인 왜를 알아야만 해결되는 것이 아닌 셈이다. 신학은 모든 문제에 해답을 제공하지는 않는다. 신학은 인간의 삶의 자세를 선도하는 기능만 있다. 신학이 하나님의 전 존재를 온전히 정의할 수는 없다. 이것이 신학보다 성서의 하나님을 더욱 신뢰해야 하는 이유이다. 본래 인간은 연약한 존재이다. 그래서 어떤 경우라도 오로지 생명의 주인이시고 절대 자유자이신 하나님을 신뢰하고 의지해야만 한다.

인간의 신학은 궁극적으로 인본주의일 수밖에 없다. 성서의 하나님을 받아들여야 신본주의가 된다. 우리에게 벌어지는 여하한 경우라도 언제나 하나님을 긍정하고 받아들이는 신앙이야말로 성서적인 신본주의 신앙이라고 말할 수 있다. 우리 사람이 자유로운 존재이듯 하나님도 지극히 자유로운 분이시다. 그 하나님을 믿고 찬양하자!

24. 하나님 신앙과 미신

미혹케 하는 신앙. 즉 미신은 태고부터 존재하여 사람들을 곤혹스럽게 해왔다. 구약성서에도 미혹케 하는 신앙은 언급되고 있다. 성서의 율법은 미신, 즉 신접한 자와 박수를 믿거나 교류하지 말라고 단호하게 가르친다(레 20:31; 신 18:10-11). 구약성서는 그렇지 못한 사례들을 전하고 있다.

주전 11세기경 여호와 신앙을 가진 이스라엘 백성이 가나안 땅에 나라를 일구고 살 때 초대 왕이었던 사울에게 벌어진 일이다(삼상 28장). 사무엘이 죽고 블레셋과 전쟁을 하기 전 사울 왕은 위태로움을 느끼고 여호와께 응답을 구하였다. 그러나 이미 불순종으로 버림을 받았던 사울 왕에게 여호와는 꿈으로도, 우림으로도, 선지자로도 아무런 응답을 주지 않았다. 사울 왕은 포기하고 주저앉아있을 수만 없었다. 그래서 그는 신접한 여인(현대의 무당)을 찾아 미래에 대한 처방을 듣고자 하였다. 사울은 죽은 사무엘을 부르라고 요구했고 그 여인은 죽은 사무엘의 혼백을 불러 대답을 들려주었다. 죽은 사무엘의 대답인즉, 사울 왕은 결국 여호와께 버림받아서 별다른 수가 없고 블레셋에게 패할 것이고 다음 날 이맘 때 그는 그의 아들들과 함께 사무엘과 같은 처지가 되리라는 것이었다.

사울 왕의 처지에서 본다면 그가 하나님으로부터 속 시원한 해답을 듣지 못해 안절부절하는 마음을 이해 못하는 것은 아니다. 그러나 과연 그가 신접한 여인을 찾은들 운명을 바꿀 수 있었을까? 그가 신접한 여인을 찾는 행위는 미혹하는 신앙에 의지하는 것을 뜻한다. 그에게 과연 그 길밖에 없었을까? 그가 여호와의 목소리를 청종치 못한 일로 인하여 책망 받고 나라의 지도력이 다윗에게 넘겨진 일을 알았다면 그런 그가 마땅히 해야 할 일은 무엇이었을까? 불확실한 미래를 앞두고 그가 해야 할 일이 있었다면 그것은 무엇이었을까?

성서적 해법은 회개하는 일일 것이다. 그가 살아온 길을 뉘우치고 다시 한 번 더 여호와의 말씀을 청종하기로 결단하는 일이어야 한다. 설혹 지도력이 더 이상 자기에게 머물지 않을 것을 안다 해도 그는 아직까지 나라의 왕이다. 죽더라도 할 일은 신앙 원칙에 입각하여 끝까지 마무리 지어야 했다.

미래가 불확실한 우리 모든 신앙인의 경우도 사울과 크게 다르지 않다. 알 수 없는 미래 앞에 신앙인이 선택하고 나아가야 할 바는 언제나 성서적 가르침이다. 그리고 바른 신앙적 결단에 입각하여 미래를 헤쳐 나가야만 한다. 미래가 불확실하다고 미혹케 하는 신앙의 길을 의존한다면 그것은 더욱 더 여호와 하나님으로부터 멀어질 뿐이다.

사실, 사울이 최후의 수단으로 신접한 여인의 특별한 기능을 동원하였다 하더라도 여호와 하나님이 정해놓으신 그 길에서 벗어날 수는 없었다. 그러므로 미래가 아무리 불확실하다 하더라도 신앙인은 정도에서 벗어난 길을 걸어가서는 안된다. 미신이나 점술이 운명을 좌우할 수 없다는 사실은 너무나도 분명하다. 신접한 여인이라도, 죽은 사무엘이 다시 살아나서 신탁을 전했어도 이는 마찬가지이다. 분명한 것은 당사자인 사울 그가 회개했어야 했다는 사실이다.

또, 주전 8세기 중반 시리아와 북 이스라엘이 앗수르에 저항하는 동맹을 맺고 남 유다의 동조를 구하기 위해 침공해왔을 때도 비슷한 일이 벌어졌다. 당시 유다의 왕은 아하스였다. 아하스는 이 군사위협 앞에서 갈팡질팡했다. 그들에게 맞설까 협력할까 아니면 아예 강대국 앗수르에게 원군을 요청할까 확신이 서질 않았다. 신하들도 마찬가지였다. 이 때 일부 신하들에게서 죽은 자와 접하는 신접한 자와 마술사에게 답변을 들어보자는 의견이 나왔다(사 8:19). 당시 선지자 이사야는 이를 단호히 책망하였다. "백성이 자기 하나님에게 구할 것이 아니냐 산 자를 위하여 죽은 자에게 구하겠느냐?"(사 8:19). 이사야는 이미 하나님으로부터 답변을 전해놓은 상태였다. "임마누엘(하나님이 우리와 함께 계심이라)"이라 불리는 아기의 탄생을 예고하면서 오직 하나님을 의지하고 있노라면 당장의 군사위협이 조만간 사라질 것이라는 것이었다. 그러나 아하스와 그의 신하들은 이를 굳게 믿지 않았다. 그래서 미신에 의지하려는 생각을 품은 것이다.

여호와 하나님을 믿는 사람이라도 간혹 미신이나 점술의 유혹을 받을 수 있다. 가시적이고 직접적이고 특별한 방식이 동원되기만 한다면 종종 신앙인들은 참된 신앙의 길을 외면하고 미신에 의지하고픈 마음이 생기는 것 같다. 그러나 이것 하나만 분명히 기억하자. 세상의 주인은 오직 여호와 하나님 한 분뿐이라는 사실을. 또 하나님의 정하신 바라면 그 누구도 가로막거나 뒤집을 수 없다는 것을.

진리는 변함없다. 사람들이 이를 굳게 믿지 못하여 현혹될 뿐이다. 각종 점술이나 미신에 의존한다 해도 참되신 하나님의 길과 방법을 능가할 수는 없다. 하나님을 굳게 믿고 그 말씀을 굳게 의지한다면 어떤 유혹이 와도 흔들리지 않을 수 있다. 연약한 믿음을 지닌 성도들이여! 다시 한 번 하나님의 말씀에 굳게 믿음의 닻을 내리고 요동하지 말라. 살아계신 하나님이 우리를 지켜주실 것이다.

25. 타협하지 않는 신앙

다니엘서의 다니엘은 바벨론에 포로로 잡혀간 유다 청년이었다. 포로 신분인 그는 타국에서도 하나님의 언약백성인 유다 사람으로서 지켜야 할 율례를 철저히 준수했다. 음식도 함부로 먹지 않았고 예루살렘을 향하여 창문을 열고 하루 세 번씩 여호와 하나님을 경배하였다. 신하들의 모함에도 불구하고 결국 그는 왕의 꿈을 해석해준 대가로 바벨론 왕에게 귀빈 대우를 받았다. 에스더는 페르시아 제국에 살았던 유다 사람으로서 천우신조의 기회를 틈타 왕비로 즉위하였다. 이만한 지위에 올랐으면 그것을 유지하기 위해 제국의 규율을 지키면서 몸을 사릴 만도 하다. 하지만 그는 유다 민족의 운명이 풍전등화의 위기에 몰리자 자신을 돌보지 않고 "죽으면 죽으리다"는 고백을 남기고 왕 앞에 나아갔다. 다니엘과 에스더 모두 타국 땅에서 신앙의 절개를 지킨 연고로 민족에게 유익한 결과를 초래한 여호와 신앙의 영웅이 되었다. 타협하지 않은 신앙의 모델들이라고 할 수 있다.

선거를 앞두고 정당마다 정치인 공천에 진통을 겪는 모습을 본다. 예전에는 자신의 입신양명에 유리한 정당을 찾아 탈당하고 옮겨 다니는 정치인이 있었다. 세상은 그들을 철새 정치인이라고 부른다. 개인의 유익을 추구하는 태도를 뭐라 비평할 수는 없다. 그러나 여당이든 야당이든 정치 신념을 떠나 이익을 위해 움직이는 사람들의 태도에는 심각한 문제가 있다. 일관된 철학이 결여된 정치인을 백성들이 존경

할 수 없다는 것은 당연한 일이다. 일관된 정치 철학이 없는 위인을 백성의 대표로 선출해야 하는 시민들은 당혹스럽기 짝이 없을 것이다. 그 결과도 명약관화하다.

신앙 지도자들의 경우도 다르지 않다. 지조 없는 신앙지도자들을 왕왕 본다. 신변에 유리함과 불리함을 따라 처신하는 사람들이 많다. 지도자란 자고로 백성을 대표하여 백성을 위하여 높은 지위와 권력을 부여받은 존재이다. 바른 신앙을 갖고 올곧게 처신해야 하는 그런 사람들이 때에 따라 상황에 따라 신념을 뒤엎고 정반대의 위치에서 행동하는 경우가 있다. 백성의 안녕은 아랑곳 않고 자신의 안위만을 염려한다면 그런 사람이 과연 그 직위에 합당할리 만무하다.

우리 민족 역사에 존경받는 지도자급 인사들이 있었다. 모두 지조 있는 인생철학과 정치 신념으로 이해관계를 떠나 타협하지 않고 일관된 철학을 따라 행동한 사람들이었다. 그래서 더욱 백성들의 존경을 받았을 것이다. 오늘날 우리 주변에 이렇게 존경 받는 신앙 지도자들이 있는지 묻고 싶다.

과거에 북 이스라엘 왕국의 선지자 호세아는 신앙의 원칙을 위배하고 이해관계를 따라 움직인 지도자들을 일컬어 음란하다고 비평한 적이 있다. 자신의 이익을 추구하되 백성의 유익은 전혀 염두에 두지 않은 사람들의 작태를 일컫는 말이었다. 시쳇말로 양아치란 말이 있다. 무엇이든 자기 배를 채워주는 음식을 주는 사람들 앞에 굽신거리는 사람들을 거지 혹은 동냥아치라고 부른 데서 연유한 비속어이다.

자신의 안위가 위협받더라도 진실과 정의를 위해 몸을 사릴 줄 모르는 신앙인이 아쉬운 요즘이다. 구약성서의 예언자가 바로 이런 기준에 합당한 인물들이었다. 그들은 여호와 신앙을 위해 목숨을 아끼지 않는 사람들이었다. 반대로 그야말로 음란한 양아치 신앙인들도 적지 않다.

너도 나도 여호와 하나님의 이름을 부르지만 그 격과 속내가 판이하게 다른 경우를 본다. 전에는 정의니 평화니 부르짖던 사람들이 지금은 몸을 사리고 자신의 유익을 추구하는 것이다. 그런 사람들이 과연 시대를 올바로 선도하고 신앙공동체를 바르게 이끌어갈 수 있을까? 지조 있는 신앙인, 올바른 가치와 정의를 위해서는 절대로 타협하지 않는 삶의 철학이 있는 바른 신앙인이 그립다. 언젠가 예수님께서 이렇게 말씀하셨다. 말세에 믿음이 있는 자를 볼 수 있겠는가? 여호와 하나님 신앙의 가르침에 철저하게 훈련되어 좌로도 우로도 치우치지 않고 어떤 경우라도 개인적 유익에 고개 숙여 타협하지 않는 그런 신앙인이 그리운 시절이다. 신앙도 이해관계를 따라 굽은 신앙이 있고 이와 상관없이 올곧은 신앙이 있다. 다니엘과 에스더의 신앙을 다시 한 번 되새기자. 시절이 바뀌고 상황이 달라져도 위기와 손해를 무릅쓰고 신념을 위해 목숨을 내놓은 신앙인들이었다. 오늘 나는 어떤 종류의 신앙인인가?

26. 순간과 영원의 갈림길

구약성서에 속한 여러 성서들은 서로 다른 시대 다른 저자들에 의해 조금씩 다른 방식으로 쓰여 있다. 성서를 읽는 독자들은 이러한 특징을 잘 파악해야 본문의 의미를 올바로 깨달을 수 있다. 잠언서가 이에 대표적이다. 흔히 지혜문학으로 분류되는 잠언서는 모두 31장으로 구성되어 있다. 이 성서를 소개하는 입문서들은 이 책의 주제를 현실 세상에서 성공하는 처세술을 담고 있다고 말한다. 더구나 매일 한 장씩 읽으면 한 달에 완독이 가능하다. 그래서 교회에서도 신자들에게 성서 읽기를 위해 빈번히 소개된다. 그러나 이 책의 묘미를 알고 읽는 이는 그리 많지 않은 것 같다.

잠언서는 인생살이의 과정에서 순간과 영원의 갈림길을 소개한다. 독자가 순간의 쾌락을 위해 살 것인지 아니면 영원한 즐거움을 위해 살 것인지를 분명하게 선택하도록 기회를 열어놓고 있는 것이다. 그것은 두 명의 여인이 제공하는 초대 형식으로 이루어진다. 잠언서의 1장에서 9장까지에는 수많은 지혜로운 가르침 속에 두 명의 여인을 등장시킨다. 한 명은 지혜부인이고 다른 한 명은 음녀이다.

먼저 음녀가 소개된다(7장). 그녀는 이방여인이며 늦은 저녁에 거리에서 혹은 광장 모퉁이에서 젊은이를 유혹한다. 그녀의 언변은 합리적이고 매력적이다. 그녀는 화목제를 드려 서원한 것을 갚았더니 드디어 너를 만났다고 말한다. 참으로 그럴듯하게 신앙적이다. 우리의 만남은 우연이 아니라 하늘의 섭리와 배려 때문이라는 것이다. 게다가 그녀의 남편까지 집을 비운 채 보름 정도가 지나야 귀가한다니 서로 사랑하고 즐거움을 나눌 시간도 충분하단다. 이렇게까지 귀에 듣기 좋은 고운(?) 말로 유혹하니 어느 누가 이를 외면할 수 있겠는가? 순간의 쾌락을 위해 청년은 선뜻 그녀를 따라 나선다. 잠시인데 누가 뭐라 하겠는가 하고 생각하면서…. 그러나 그 결과는 명백하며 참혹하다. 순간의 쾌락이 끝나면 결국은 화살이 자신의 심장을 꿰뚫어 자기 생명을 잃게 되는 지경에 이른다는 것이다.

곧이어 지혜가 정숙한 부인의 모습으로 나타난다(8장). 그녀도 모든 사람이 다니고 모든 사람이 쳐다보는 성문 길에서 소리 높여 외친다. 마치 예언자처럼 외친다. 돈은 안내도 좋으니 자기 말을 가슴 깊이 새기라고 힘주어 말한다. 지혜를 얻으라. 지혜는 진주보다 낫다. 그 지혜란 다름 아니라 여호와를 경외하는 일이다. 지혜는 도략과 참 지식이 있어서 지혜로 말미암아 왕들이 치리하기도 하며 방백들이 공의를 세우기도 한다. 부귀와 재물 그리고 죽기까지 오래도록 의로운 삶도 얻을 수 있다. 심지어 하늘의 하나님조차 지혜로 세상을 창조하기도 한다. 이런 혜택을 주는 지혜를 얻지 않는다면 이 세상살이에서 그 무엇을 추구한다는 말인가? 지혜부인의 연설은 앞서의 음녀의 것에 비해 훨씬 합리적이고 훨씬 설득력이 있고 그 소득 또한 비교가 되지 않는다. 지혜를 얻으면 영원한 즐거움을 누릴 수 있다.

자! 이제 어느 누구를 선택할 것인가? 어느 길을 선택할 것인가? 순간의 쾌락을 선택할 것인가 아니면 영원한 즐거움과 행복을 선택할 것인가?

잠언서는 이 두 가지 선택의 길을 제시한다. 독자는 둘 중 하나를 선택해야 한다. 성령의 은혜를 강조하는 기독교 신앙인은 이마저도 성령에게 내맡기는 경향이 있다. 성령이 강권하시는 삶의 경우도 없지는 않다. 하지만 잠언서는 단언한다. 우리가 의지적으로 선택해야 한다고… 아니 신앙적 원칙에 입각해서 과감하게 결단을 해야 한다고….

삶은 지난하다. 삶은 숱한 난제와 어려움으로 점철되어 있다. 영원한 생명을 얻고자 한다면 지혜의 길을 선택해야 하고, 순간의 쾌락을 원한다면 음녀의 초대를 받아들일 수도 있다. 그러나 그 결과는 앞서 말하듯이 명약관화하므로 신중하게 올바른 선택을 해야 할 것이다. 의지적으로 바른 선택을 하는 길만이 우리의 삶을 행복으로 이끌 수 있다. 하나님은 우리에게 자유로운 삶을 주셨다. 삶의 복과 화는 전적으로 우리의 선택여하에 달려 있다. 하나님을 경외하는 지혜로운 길을 살아갈 것인가 아니면 하나님을 무시하고 어리석은 길을 살아갈 것인가? 잠언서의 가르침을 진지하게 받아들여 참다운 행복, 영원한 행복을 선택하길 바란다. 잠언서에 수록된 나머지 지혜로운 말씀들은 모두 이 두 가지 길에서 우리를 진정으로 행복한 길로 안내한다. 잠언서가 현실세계에서 가슴 깊이 새겨야 할 말씀들인 까닭이 여기에 있다. 신앙을 가진 모든 사람이 잘못된 선택으로 불행한 삶 속에 허우적대지 않고 항상 행복한 삶을 영위할 수 있기를 바라마지 않는다.

27. 긍정을 위한 부정

모든 것을 허무하다고 결론짓고 있는 성서가 있다. 전도서가 바로 그것이다. 이 성서에서 가슴 속에 담아둘만한 구절이 있다면 "모든 일에 때와 기한이 있다"는 말씀이 고작이다. 나머지 말씀들은 대개 회의와 부정으로 일관된다. 인간의 역사에 실제적인 진보를 기대하기란 부질없는 일이다. 거의가 예전에 있던 일의 반복일 뿐이기 때문이다. 하나님이 창조한 세상에서 어떤 목적이 있는지조차도 알 수 없다. 세상에는 불의가 많고 그런 불의한 일이 정의의 기준에 입각해서 처리되는 일을 보기도 극히 어렵다. 의인이든 악인이든 결국은 동일한 운명에 처해진다. 운명 또한 변덕스럽고 행운과 불행이 모두 똑같은 확률로 일어난다. 이와 같은 염세주의로 일관하는 이유는 죽음 때문이다. 영원한 가치란 없다. 인간이나 동물이나 차이가 없다. 모두 죽기 때문이다. 이렇게 말씀하는 성서에서 신앙에 어떤 유익을 얻을 수 있을까?

긍정적인 신앙, 적극적인 신앙이 강조되는 분위기이다. 하면 된다. 할 수 있다고 믿으라고 노상 천편일률적인 가르침을 받는 분위기에서 전도서가 과연 우리에게 긍정적인 교훈을 줄 수 있겠는가? 지독히 회의적인 삶을 사는 사람에게나 수긍되는 말씀인지도 모른다. 그러나 전도서의 가르침은 우리가 예상하지 못하는 다른 곳, 더 높은 곳에 있다.

위의 모든 부정은 사실상 최선의 긍정을 겨냥하고 있다는 사실을 안다면 전도서의 가치는 확연히 달라질 수밖에 없다. 모든 것을 부정한 연후에 비로소 새로운 긍정이 빛을 발할 수 있다. 부정 없는 긍정이란 사실 무의한 것인지도 모른다. 논쟁을 벌일 때도 긍정을 위한 긍정이 있고 긍정을 위한 부정이 있다. 모든 것을 긍정으로 일관할 때 발생하는 삶의 불합리는 어떻게 대처할 수 있겠는가? 최고의 긍정은 부정에 대한 주의와 경각심으로부터 발생한다.

삶이 아름다운 까닭은 죽음이 있기 때문이다. 삶이 고귀하고 소중한 까닭도 그것이 우리네 인생에게 단 한 번 주어지기 때문이다. 그렇기 때문에 촌음의 시간조차 사소하게 버릴 수가 없다. 이런 삶의 한계를 인정할 줄 아는 사람이 창조목적에 합당하게 사는 아름다운 삶이라고 할 수 있다. 창조 질서 속에 벌어지는 불의함과 불행조차 그 이유와 원인을 다 해득하지 못해도 삶이 있기에 이어져 가야 한다. 행복과 불행의 근원을 다 말하지 못해도 좋다. 삶을 계속 이어갈 수만 있다면 세상의 불의를 전부 일소하고 오로지 의로움만 가득하도록 만들지 못해도 슬프지 않고 만족할 수 있다. 불완전한 사람들이 일구고 사는 세상 일을 어느 누가 완벽하게 의롭게 조절할 수 있겠는가? 불행과 불완전, 한계와 무능을 인정할 때만이 우리는 비로소 우리가 한계를 지닌 사람이라는 사실을 깨우치게 된다. 사람이란 신이 아니고 단지 유한한 피조물이란 사실을 인정하고 받아들일 때만이 비로소 그 존재에 합당한 아름다움을 유지할 수 있는 것이다. 이런 의미에서 전도서는 신앙의 최고 경지에 다가가게 만드는 생각으로 점철되어 있다.

전도서는 이런 방식으로 인간의 모든 삶 일체를 부정과 회의로 점철된 생각으로 도배함으로써 정 반대로 사실은 오로지 삶의 한계를 시인하는 인간으로 되돌아가게 만든다. 그리고 바로 그 순간, 가장 중요한 가르침을 삽입해 두고 있다. 그것이 곧 여호와를 경외하는 일이다. 사람이기에 하나님을 긍정하고 받아들이며 그를 경외하는 일이 사람의 마땅한 자세이다. 이것밖에 사람을 사람 되게 하는 일이란 존재하지 않는다. 하나님을 경외하라. 삶의 모든 순간에 그를 시인하고 긍정하며 경외하라!

전도서는 유대교 역사 속에서 초막절이라는 절기에 읽혀져 왔다. 초막절은 한 해의 수확을 모두 마치고 새로운 파종을 앞두고 지키는 주요한 절기이다. 봄이다. 만물이 약동하는 계절이고 가을의 결실을 위해 생명이 깃든 씨앗들을 파종하는 시기이다. 가을이 되어 과연 풍성하게 거둘지 빈약하게 거둘지 이 봄에 장담할 자는 아무도 없다. 그러나 우리는 사람이기에 그리고 생명이 있기에 또 삶이 허락하기에 파종한다. 성장하여 결실하는 나머지 일은 하나님이 하실 일이다. 하나님의 품에 깃든 계획과 지혜와 능력만이 새 생명을 가능하게 할 것이다. 뜻대로 되지 않아도 사람은 어쩔 수 없다. 그저 오늘이라는 순간이 우리에게 주어진다면 그래서 그 힘과 생명으로 일하고 땀 흘릴 수만 있다면 그것으로 만족할 일이다.

따라서 오늘이라는 순간에 주어진 이 고귀한 생명을 어떤 모양으로든 향유하지 못한다면 가장 어리석은 자가 될 뿐이다. 현재를 즐거움으로 누리라. 만끽하라. 손에 힘이 있는 대로 수고하라. 아름다운 결실이 주어진다면 하나님의 축복이다. 오직 하나님을 감사하고 찬양할 일이다. 예상치 못한 결과가 주어진다 해도 하나님을 비롯하여 그 누구라도 원망하지 말라. 그런 한계를 지닌 것이 인생이기 때문이다. 오로지 현재의 삶을 감사하면서 기쁨으로 만끽하라. 분초가 무의미한 논쟁으로 소모되는 일조차 아깝다. 오로지 현재의 생명을 누리라. 긍정으로 가득한 하루라면 그것으로 행복한 일이다. 부정적인 생각으로 포기한다면 그것이 곧 불행한 일이며 스스로를 좀먹고 파괴시키는 일에 불과하다. 전도서는 우리의 삶을 가장 아름다운 것으로 긍정하게 만드는 힘이 감춰져 있는 성서이다.

28. 건강한 사랑을 위하여

구약성서 가운데 읽노라면 낯이 뜨거워지는 책이 한 권 있다. 남녀상열지사를 적나라하게 묘사하고 있는 책인데 그것이 아가서이다. 이 책을 놓고 격분을 감추지 못하는 학생도 있고 그 책이 젖 먹는 아가들을 위한 책이 아닌가 하고 오해하는 사람도 있다. 펼쳐서 읽노라면 여성의 신체부위를 소상하게 묘사하는 대목이 예사롭지 않아서 그냥 슬쩍 슬쩍 넘겨버리는 경우도 없지 않다. 그래서 도대체 그 책이 무엇을 의도하고 말씀하는 것인지 모르는 경우가 태반이다.

아가서는 총 8장으로 구성되어 있고 우리 말 성서에는 전도서 다음에 그리고 위대한 예언자 이사야서 바로 직전에 배치되어 있는 책이다. 책의 내용 때문에 초대 교회 시절부터 지금껏 이 성서의 해석문제가 다양하게 펼쳐지고 있다. 전통적이고 보편적인 해석은 알레고리 방식으로 읽는 것인데 유대인의 경우 하나님과 언약백성인 이스라엘 사이에 오고가는 사랑을 노래한 것으로 이해하고 기독교인들의 경우는 그리스도와 교회 혹은 그리스도와 기독교인의 사랑 관계를 노래한 것으로 보았다. 한편으로는 결혼 축하문으로 보기도 하고 또 다른 한편에서는 고대 사회에 회자되었던 신들의 결혼식 예문으로 보기도 하며 또는 남녀의 사랑을 드라마 형식으로 작성한 글로 이해해야 한다고 말하기도 한다. 그러나 여러 번 읽고 나면 결코 위의 해석들이 본문에 그리 정당하지 않다는 것을 깨닫게 된다. 유대인은 기원후 8세기경부터 이 책을 유월절 축제 때에 읽어왔다.

히브리 성서에는 '솔로몬의 노래'로 부르는 이 아가서는 사실 젊은 남녀 사이에 이루어지는 사랑의 노래들을 모아놓은 사랑 노래 모음집이다. 젊은 연인 사이의 뜨거운 사랑의 감정은 남녀의 육체를 아름다운 상징들과 은유를 이용하여 주저 않고 당당하게 묘사하고 있다. 노래들은 실내, 즉, 집안(8:1-4), 침실(3:1-4), 잔칫집(2:4)을 배경삼아 열정적인 사랑 나눔과 꿈, 환상을 상상하게도 하고 실외, 즉 도시의 거리를 배경 삼아 긴장과 장애를 느끼기도 한다(5:7-8; 8:1-2).

요즘 우리 사회는 길가든 어디든 젊은 남녀가 끌어안고 거침없이 애정을 표현하는 장면을 종종 목도할 수 있다. 전통적인 유교적 분위기에서 벗어나 선진국으로 발돋움하고 있는 우리 사회는 서구사회에서나 볼 수 있을 그런 장면을 접할 때 거북스런 마음을 지울 수 없다. 눈살을 찌푸리게 되는 일 정도는 약과이다. 오늘날 우리 사회에는 온갖 비정상적이고 건강하지 못한 애정행각이 끔찍한 범죄로 이어지는 일들이 연일 보도되고 있다. 성희롱과 성추행에도 모자라 삼각관계로 인해 벌어지는 살인사건, 그리고 이유가 밝혀지지 않는 여성 살해 및 시체 유기 사건들이 그것이다. 이 모두가 건강한 관계와 건강한 사랑이 형성되지 못해서 벌어지는 문제들이다. 유명 연예인들의 불행하고 행복한 사랑 이야기 또한 대중매체를 통해 홍수처럼 범람하고 있는 것도 현실이다.

사랑이야기가 적나라한 아가서가 우리 사회의 성에 대한 생각과 문화에 어떤 도움이 될까? 아가서는 남녀 사이의 건강한 사랑을 전제로 그 사랑의 행위를 여과 없이 묘사하고 있다. 성에 대하여 쉬쉬하는 분위기를 탈피하고 건강한 성을 위한 사랑 이야기를 성서는 공개적으로 가르치고 있는 것이다. 그래서 왜곡된 성 이해를 교정하고 건전한 남녀의 사랑 이야기를 적극적으로 강조하는 것이다. 성 결핍 혹은 성에 대한 몰이해 때문에 벌어지는 비정상적인 애정표현들을 교정하려는 하나님의 깊은 배려가 담긴 성서가 아가서이다.

사람이 살아가는데 있어서 사랑은 최고의 가치를 지닌다. 사랑은 사랑하는 상대방을 가장 아름다운 존재로 여기게 만든다. 사랑하는 사이에는 상대방이 더 이상 무의미한 대상이 아니라 도리어 거의 신과 같은 존재로 믿게끔 한다. 사랑하면 그가 없이는 내가 아무것도 아닌 존재로 여기게 하기 때문이다. 사람은 하나님이 없으면 존재할 수 없다. 하나님 역시 사람이 없다면 하나님으로 경배 받을 수 없다. 마찬가지로 사랑 없는 인간관계란 무의미하다. 사람들은 사랑을 통해 상대방을 소중히 여기게 된다. 사랑이 이만큼 소중하다면 그것을 올바로 가르치고 배워야 할 필요가 있는 것은 당연한 일이다. 더구나 그 사랑이 건강해야 하는 이유도 자명하다. 아가서는 읽기가 부끄러워 덮어야 할 성서가 아니라 자꾸 읽고 사랑의 부끄러움과 왜곡 혹은 결핍으로 벌어지는 온갖 비행을 방지하고 건전한 사랑으로 유도하는 성서이다. 그리고 그 사랑 때문에 하나님을 더욱 경외하게 만드는 성서인 것이다. 건강한 사랑은 건전한 사회를 만드는 기초가 된다. 건강한 사랑을 형성하도록 아가서를 주신 하나님을 찬미하자. 피차 사랑의 빚 외에는 아무에게든지 아무 빚도 지지 말라, 남을 사랑하는 자는 율법을 다 이룬다는 말씀(롬 13:8)이나 서로 사랑하는 것은 예수님이 주신 새 율법이요(요 13:34-35), 하나님 안에 머무는 일(요일 4:7-

[21]임을 기억하고 서로 건전하게 사랑하기를 힘쓰는 신앙인들이 되기를 소망해본다.

29. 헤세드 삶을 회복하라

헤세드란 하나님의 사랑을 표현하는 히브리어이다. 구약성서에서는 이 단어를 인자, 인애, 은혜, 신실, 성실 등으로 번역하고 있다. 하나님을 사랑하라는 말은 사람을 사랑하는 말과 같다. 그래서 하나님의 헤세드는 사람의 헤세드와 신학적으로 상통한다. 아니, 하나님을 믿는 자는 하나님의 헤세드를 삶으로 표현하지 않을 수가 없다. 하나님의 헤세드와 사람의 헤세드가 생생한 삶의 이야기로 전해지는 성서가 룻기이다.

룻기는 에스더서처럼 하나님의 활동이 본문에 직접 등장하지 않는 성서이다. 다시 말해서 룻기에는 등장인물들에게 직접적으로 영향을 주는 하나님의 활동이 묘사되고 있지 않다는 말이다. 그럼에도 불구하고 하나님의 은혜와 사랑, 즉 헤세드를 가장 명확하게 감지할 수 있는 성서가 룻기다. 룻기의 배경은 아직 이스라엘에 왕이 없었던 사사시대로 알려진다. 룻기는 총 4장으로 구성되어 있는 마치 훌륭한 단편문학과 같이 탄탄하게 잘 쓰여진 문학구조와 내용을 지니고 있다. 이 성서를 가장 은혜롭고 효과 있게 읽는 방식은 등장인물 각자의 입장에 서서 이야기의 진행과 사태를 파악하고 음미하는 것이다.

나오미의 남편 엘리멜렉은 어떤 알 수 없는 이유로 아들 둘과 아내를 데리고 고향 베들레헴을 떠나 모압 땅에서 살다가 죽었다. 그의 생애는 여느 남자들과 다를 바 없다. 남자들의 삶이란 가장으로 살면서 가족을 부양하다가 갖가지 이유로 마감하게 된다. 그 생이 짧을 수도 길 수도 있다. 불행히도 일찍 생을 마감할 경우, 죽은 자는 말이 없고 유가족들만 남아서 험한 생을 헤쳐가야 한다. 두 아들 말론과 기룐도 모압 여인들을 아내로 맞이하지만 역시 길지 않은 삶을 마감해야 했다. 룻기의 초반부 남자들은 모두 일찍 세상을 뜬다. 그렇다고 인생이 늘 비관적인 것만은 아니다. 후반부에 등장하는 남자들은 보다 의미 있는 역할을 하게 된다. 삶이란 그런 의미에서 전체적으로 볼 때 공정하다. 어느 누가 이루지 못한 일이 있다면 또 다른 사람이 언젠가 이루게 될 것이다. 남자들이 못하고 못 보여준 일이 있다면 여인들이 보여주기도 한다. 룻기는 특별히 여인들의 역할이 돋보이는 성서이다. 가부장제도가 전통이었던 사회에서 여인들의 역할은 높이 기릴 만하며 남녀 모두의 귀감이 된다.

십년 쯤 함께 살다가 죽어 청상과부가 된 모압 출신의 두 며느리 오르바와 룻은 시어머니 나오미의 선처로 고향으로 돌아가 남은 청춘을 새롭게 출발할 기회를 얻게 되었다. 이에 오르바는 떠났다. 오르바 입장에서 보면 현명한 결단을 한 것이다. 그러나 룻은 남았다. 룻이 시어머니 나오미 곁에 남아서 남은 생애를 같이 하겠다는 의지표명은 그야말로 가슴 찡한 대목이다(룻 2:16-17). 현실적 시각으로 본다면 미련하게 보이지만 참으로 가상한 결정이었다. 룻이 보여준 태도를 사람의 헤세드라고 부를 수 있다. 그리고 그녀의 이 결정과 헌신은 훗날 이스라엘의 위대한 영웅 다윗의 족보를 가능하게 만들었다.

고향 베들레헴으로 돌아온 나오미와 룻에게는 고향의 친족 중에서 죽은 남편의 기업을 되돌려 받게 해 줄 친족이 필요했다. 사회의 제도가 가난을 벗어나 함께 살 길을 열어주고 있는 것이다. 구약에 친족이 죽은 사람의 기업을 무르도록 제정한 율법(레 25장; 민 36장)은 하나님의 헤세드를 전제한 복음이다. 한 무명의 친족은 인색하게도 기업 무르기를 거절한다. 세상적인 안목으로 보자면 그 자신에게는 현명한 판단을 했는지도 모른다. 그러나 그에게는 헤세드가 없다.

나오미 남편의 기업을 무를 것을 자청한 보아스는 한 마디로 하나님의 헤세드를 실천한 사람이다. 그는 이방 여인 룻이 "여호와의 날개 아래 보호받기를 바란다"는 말은 민족을 초월하는 하나님의 헤세드를 명료하게 보여준다(룻 2:12).

나오미는 슬픔과 절망 그리고 가난과 비천한 죽음 밖에 남지 않는 삶을 살아가지만 모압 여인 룻을 만나 위로를 받고 룻의 헤세드를 통해 보아스를 만나고 그를 통해 결국은 가족의 기업을 되찾는다. 칠흑같이 어두운 삶에 햇볕이 들고 새 생명과 희망을 회복한다. 결국 그 모든 것이 하나님의 헤세드가 역사한 결과인 것이다. 삶이란 그렇다. 절망 속에도 희망은 언제나 깃든다. 하나님이 살아계시기 때문에!

이렇게 볼 때 헤세드란 말은 충실함, 성실함, 한결 같음으로 이해할 수 있다. 하나님은 모든 사람들에게 성별, 인종, 소유, 그 무엇에도 차별 없이 변함없는 사랑을 베푸신다. 하나님의 사랑을 받아 살고 있는 신앙인들은 험하고 고통 많은 이 세상을 살면서 바로 이 헤세드를 실천하며 살도록 요청받고 있다. 이것이 우리의 존재 목적이기도 하다. 그 헤세드가 기본적으로 이웃을 이롭게 하는 삶이란 것은 두 말할 필요가 없다. 룻기는 "모든 것이 가하나 모든 것이 유익한 것이 아니요 모든 것이 가하나 모든 것이 덕을 세우는 것이 아니니 누구든지 자기의 유익을 구하지 말고 남의 유익을 구하라"(고전 10:23-24)라고 하신 말씀을 생각나게 하는 성서이다. 헤세드 없는 신앙인이 늘어가는 실정이다. 이러한 "헤세드 삶"을 회복하자!

30. 진인사대천명(盡人事待天命)

여호와 하나님의 이름도, 하나님이란 말도 단 한 번 사용하지 않은 채 하나님의 섭리와 인도를 가장 생생하게 깨닫게 해주는 성서가 있다. 바로 에스더서이다. 에스더서는 페르시아(성서에서 바사라고 칭함)시대를 배경으로 전개된다. 페르시아 시대란 고대 이스라엘이 바벨론에게 나라를 잃고 포로 생활을 하다가 바벨론을 전복시킨 강대국 페르시아의 후원과 관대한 종교정책 때문에 예루살렘으로 돌아와 성전을 다시 건축하고 그곳에서 오로지 신앙생활을 하는 것만 허용되던 시절을 가리킨다. 페르시아 제국은 근동의 패권자로서 서쪽으로는 지중해 연안과 오늘날 터키 지역부터 동으로는 인도와 인접하는 지역까지를 통치하던 거대한 제국이었다. 그래서 제국 안의 백성들은 여러 지역과 다른 방언을 하는 사람들이 한데 어울려 지내야 했다. 한 마디로 과거의 글로벌 시대였던 것이다.

에스더서는 바사국의 수도 엘람에 있는 수산 궁을 배경으로 시작된다. 세계의 중심지에서 벌어지는 이야기인 것이다. 당시의 왕 아하수에로는 왕권과 부를 과시하기 위해 6개월 동안 큰 잔치를 베푼 후 궁전에서 수산 궁에 있는 모든 남성들을 위해 일주일 연회를 베푼 후 왕후 와스디로 하여금 모든 남성들 앞에서 미모를 보이라고 하명한다. 이를 거절한 왕후를 왕은 폐위조치하고 제국의 127주에 있는 미인들 가운데서 새 왕후를 뽑기로 작정한다. 미스 월드 대회가 열린 셈이다.

그곳에서 저 시골 유다 혈통의 에스더가 새 왕후로 선발된다. 에스더의 삼촌 모르드개는 왕궁에서 일하는 자로서 왕을 죽이는 음모를 막는 수훈을 세운 적도 있었다. 성실하게 사노라면 언젠가 성공할 날이 온다.

그러나 고대 이스라엘의 철천지원수였던 아말렉 족속의 왕 아각의 후손이었던 하만도 수상으로 임명되는 불길한 일이 벌어지기도 한다. 이 하만에게 유다인 모르드개는 무릎을 꿇지도 절하지도 않았다. 이에 앙심을 품은 하만은 제국의 모든 유다인 즉 모르드개의 민족을 말살할 계획을 세운다. 하만은 왕을 부추겨서 유다인들을 죽여도 좋다는 허락을 받아낸다. 전국에 유다인을 진멸하라는 칙서가 배포되고 이 소식에 모르드개는 대성통곡하고 금식하기에 이른다. 한 사람의 의기가 자기 백성모두를 불행으로 몰아넣은 셈이 되었다.

그러나 꼬이면 풀리는 길도 있는 법. 왕후 에스더가 삼촌이 근심하는 연유를 알게 되자 비장한 각오를 하게 된다. 왕이 부르지 않았는데도 왕 앞에 나가기로 결심한 것이다. 궁전의 예법에 따르면 왕이 부르지 않았는데도 왕 앞에 나가면 무조건 죽음을 당했다. 그래서 모르드개는 만류하지만 에스더는 자기만 살고 민족이 죽도록 방치할 수는 없었다. 왕후는 수산궁의 모든 유다인에게 삼 일을 금식하도록 주문한다. 그녀가 남긴 말은 "죽으면 죽으리이다."는 것이다. 왕 앞에 나가면 죽을 것이 분명한 데 이를 각오하고 나가는 에스더가 무모하게 보일 수도 있다. 그러나 에스더에게서 우리는 절체절명의 환경 속에서도 결코 낙심하지 않는 의연함과 단호함을 엿볼 수 있다. 사람이 한 번 죽지 두 번 죽나? 할 바는 다 하고 운명을 맞이하겠다는 것이다. 과연 하늘은 스스로 돕는 자를 돕는다고 했다. 에스더는 바로 이렇게 산 삶의 대명사이다.

왕 앞에 나간 에스더는 오히려 왕의 사랑을 받고 자신의 연회로 왕과 하만을 초대하게 된다. 멋도 모르고 즐거워하던 하만은 끝끝내 자기에게 무릎 꿇지 않는 모르드개를 보고 격분하여 그를 매달기 위해 오십 규빗 높이의 장대를 세운다. 이때부터 사태는 반전한다.

그날 밤 잠이 오지 않은 왕은 역대 일기를 읽다가 모르드개의 공훈을 발견하고 그에게 극진한 예우를 갖춰 존귀하게 처우하도록 하만에게 지시했다. 연회에 참석한 왕은 왕후로부터 왕후를 죽이려는 음모를 꾸민 자가 바로 하만이란 사실을 전해 듣는다. 더구나 후원을 거닐다가 우연히 하만이 에스더의 걸상 위에 엎드러진 모습을 보고 왕후를 강간하는 것으로 오인하게 된다. 결국 왕의 진노를 산 하만은 자기가 세운 장대에 높이 매달려 최후를 맞이한다. 유다민족을 진멸하려는 그의 계획은 수포로 돌아가고 오히려 유다사람들이 하만의 자식들과 대적들을 도륙하게 된다. 유다사람들은 사지에서 벗어난 이 사태를 기념하여 아달월 십사일과 십오일을 부림절로 지키게 되었다.

하늘의 섭리에 우연이란 없다. 사람에게는 우연처럼 보이지만 하늘의 섭리로 보면 필연이다. 믿음을 갖고 바르고 성실하게 사는 자에게도 불운과 역경이 펼쳐지지만 대의를 지키면서 의연히 사노라면 반드시 하늘이 도와 위기를 극복하고 평안을 얻게 된다는 감동의 이야기이다. 어느 누가 에스더 이야기에서 고비마다 위기를 풀어가게 될 그런 일들이 착착 발생할 줄 예측이나 했겠는가? 원수 하만이 수상이 되어 유다인을 말살하려던 계획은 거의 성사 직전에 이르게 되었다. 갸

특한 에스더의 결심과 또 잠 못 이루던 왕이 역대 일기를 읽다가 모르드개의 공적을 발견한 일 그리고 극진히 사랑받는 왕비를 하만이 간통하는 것처럼 보이게 한 꼬락서니는 이 모든 형국을 차근차근 뒤바꾸어 놓는다. 너무나 통쾌한 반전이 계속되는 에스더서는 우리에게 이러한 교훈을 준다. 신앙인이란 아무리 열악한 상황 속에서도 자기 할 바를 다하고 하늘의 뜻을 기다리는 것이 도리임을 다시 한 번 더 되새기게 해 준다.

31. 역사 이해(1)

역사를 기록하는 목적은 단순히 과거사를 후대에 벌어진 그대로 전하려는 의도만 있는 것이 아니다. 역사가는 특별한 시각을 갖고 과거를 돌이켜 보아 현재에 적절한 교훈을 제공하려고 한다. 그래서 과거의 사건들은 발생한 대로 사건 전부가 기록되지 않고 역사 기록자의 필요와 의도에 따라 선택적으로 기록된다. 따라서 이와 같은 과거의 기록을 읽고 추구하는 성과는 역사가의 생각과 의도에 따라 조절될 수밖에 없다.

구약에는 크게 말해서 두 가지 역사 기록이 있다. 하나는 신명기역사서라고 불리는 기록이고 다른 하나는 역대기 역사서라고 불리는 기록이다(오경을 역사기록으로 본다면 세 가지 역사기록이 존재하는 셈이다!). 신명기 역사서란 여호수아서, 사사기, 사무엘 상하서, 열왕기 상하서를 일컫는다. 이 역사는 언약 백성 이스라엘이 약속의 땅 가나안에서 정착하는 과정에서부터 시작하여 카리스마적 지도자인 사사시대를 지나 왕을 중심으로 나라를 일구고 살다가 외국의 강대국에게 망하기까지를 기록하고 있다. 역대기 역사서는 역대기 상하서, 에스라서와 느헤미야서를 일컫는다. 이 역사서는 태초의 인류 조상 아담으로부터 다윗까지 이어지는 족보를 소개한 후 후대의 왕들이 얼마나 성전예배에 충실했는가 하는 관점으로 왕국 역사를 기록한다. 그리고 나라가 멸망하고 성전이 파괴된 이후 어떤 경로로 다시 성전예배를 회복하게 되었는지를 기록한다. 여기서는 신명기역사서를 먼저 고찰하려고 한다.

첫 번째 역사를 신명기적 역사 혹은 신명기 역사라고 부르는 까닭은 이 역사 기록이 오경의 다섯 번째 책인 신명기서의 신학사상에 기초하여 역사를 기술하고 있기 때문이다. 신명기서의 신학사상은 여호와 하나님을 믿고 순종하면 약속의 땅을 차지하고 사는 복을 누리겠지만 여호와 하나님을 버리고 불순종하게 되면 약속의 땅에서 쫓겨나는 재앙을 당할 것이라는 내용을 담고 있다. 간략히 말해서 인과응보의 사상이라고 할 수 있다. 모든 복과 화의 이면에는 그럴 수밖에 없는 합당한 이유가 있다는 말이다. 그리고 그 기준은 여호와 하나님을 올바로 섬기고 따르거나 그렇지 못하거나 이다.

이와 같은 역사 이해의 첫 번째 책이 여호수아서이다. 여호수아서는 모세의 후계자 여호수아의 인도를 따라 약속의 땅 가나안에 정착하는 과정과 그 땅을 분배받는 내용으로 구성되어 있다. 여호수아서의 서두는 여호와 하나님이 여호수아에게 신신당부하는 내용으로 되어 있다. 그것은 여호와의 율법을 좌로나 우로나 치우치지 않고 주야로 묵상하고 그 말씀대로 순종하면 여호와께서 함께 하셔서 약속의 땅을 능히 차지하게 될 것이라는 믿음의 격려사이다. 이어서 여호수아가 난공불락의 성 여리고를 결국에 무너뜨리는 내용이 기술된다. 그것도 무력충돌 없이 성을 일주일 동안 도합 열세 번 돌고나니까 무너졌다는 신비하고도 통쾌한 정복 이야기로 전해진다. 그러나 곧 이어지는 이야기는 여리고성보다는 형편없이 규모가 작은 아이 성에서 여지없이 패배한 내용을 기술한다. 여리고 성의 정복에는 그 성에 사는 기생 라합의 협력이 결정적이었고 아이 성의 패배에는 이스라엘 백성 중에 아간이라는 사람의 불순종이 원인으로 작용하였다. 여리고 성 공략에는 창칼 한 번 사용하지 않고도 대승을 거두었지만 아이 성 공략에는 수천 명의 이스라엘 군사가 죽음을 당하는 참패를 맛보았다. 그 이유는 간단하였다. 인간의 합리적 이성에 따른다면 여리고 성 정복에는 강한 군대와 치밀하고 신중한 전략이 필요했고 아이 성 정복에는 수적으로 우세한 군대의 파견만으로도 족했다. 그러나 이런 이성적 판단은 약속의 땅 점령에 전혀 소용이 없다. 전쟁의 승패란 오로지 하나님께만 달려있기 때문이다. 그리고 그 하나님께서 요구하는 승리의 조건은 군사의 수효나 전략이 아니라 오로지 하나님에 대한 흔들림 없는 믿음과 순종이었다. 율법의 말씀을 믿고 순종하면 승리를, 그것을 믿지 않고 불순종하면 참패할 수밖에 없다는 사실을 똑똑히 가르쳐 주고 있는 책이 여호수아서이다.

믿음과 불신앙의 차이는 지극히 사소한 것처럼 보일 수 있다. 아간이 지은 불신앙이란 자신을 위해 전리품 몇 점을 차지한 것에 지나지 않기 때문이다. 그러나 그 결과는 엄청난 차이를 초래했다. 군대의 대패 그리고 이어지는 온 가족의 몰살! 가나안 땅의 나머지 성들의 점령과정에도 이 원칙이 작용했다. 오직 하나님의 율법의 말씀을 믿고 순종했을 때만 약속의 땅 점령이 가능했다는 것이 여호수아서의 가르침이다.

그리고 그 땅은 제비를 뽑아 열두 지파에게 공정하게 분배되었다. 여호수아서가 두 번째로 교훈하는 것은 약속의 땅은 모든 지파의 구성원에게 공정하게 하나님의 선물로 나누어진 것이라는 사실이다. 힘센 지파라고 더 많이 차지하거나 약한 지파라고 해서 땅을 적게 차지하지 않는다. 언약백성을 구성하고 있는 열두 지파는 공평하게 하나님으로부터 땅을 분배받은 것이다(이것을 지파 평등주의라고 부른다!). 선물로 받은 땅이기에 그것은 잘 간수해야 할 책임이 뒤따른다. 그 선물은 하나님의 가르침을 잘 준수하는 동안은 내내 간직될 수 있지만 그렇지 못하면 언제든지 다시 빼앗길 수도 있다. 마치 이스라엘에 의해 땅에서 쫓겨난 가나안 백성처럼….

이스라엘의 역사 속에서 선물로 받은 땅을 일부 빼앗긴 경험은 북왕국이 멸망하고 유다 왕국이 가나안 땅에 홀로 남던 때 자각되었다. 주전 8세기 말 히스기야 왕 시절과 7세기 말 요시야 왕 시절의 유다는 빼앗긴 땅을 여호수아서의 교훈에 비추어 보고 다시 되찾으려고 하였다. 그 길은 다른 신 추종하기를 버리고 오직 여호와의 율법의 가르침을 믿고 따르는 길뿐이었다. 오늘 우리가 하나님께로부터 받은 선물 중에서 일부 혹은 전부를 빼앗기고 잃어버린 것이 있는가? 회복하는 길은 단 한 가지! 약속하신 말씀을 기억하고 다시 그 길을 믿고 충실하게 사는 길이다. 그 외에는 다른 도리가 없다.

32. 역사이해(2)

신명기역사서의 두 번째 책은 사사기이다. 사사기는 언약백성 이스라엘이 가나안 땅에 정착하면서 벌어지는 여러 지파들의 이야기들로 구성되어 있다. 종종 사사들의 용감한 무용담으로만 읽기 쉬운 이 책의 내용은 전혀 다른 쪽에 교훈의 무게중심이 놓여 있다. 이 책은 성공담보다는 실패의 이야기로 읽혀진다. 그리고 그 실패를 회복하기 위해 무엇이 필요한지를 깨닫게 해주는 책인 것이다. 우선 내용부터 살펴보자.

사사기의 내용은 크게 두 단락으로 구성되어 있다. 첫 단락 1-16장까지는 주로 외적의 침입을 다루면서 그 위기를 하나님의 신에 감동된 전쟁영웅 즉 사사들의 등장과 구원 이야기로 마무리한다. 나머지 단락 17-21장까지는 이스라엘 백성이 강력한 군사 지도자가 없어서 지파들 사이에서 벌어지는 혼란과 갈등을 이야기한다.

전반부는 3:11과 3:12를 분기점으로 삼고 두 가지 내용이 이어진다. 1장부터 3:11은 다시 두 가지 상반된 내용을 기술한다. 전반부(1:1-2:5)는 주로 남쪽 지파들이 가나안 백성과 싸운 이야기를 보도하면서 특별히 다윗 왕을 배출한 유다 지파를 강조한 후(1:1-21), 북쪽 지파들이 그곳에 살던 가나안 사람들을 쫓아내지 못하고 정복에 실패한 이유를 말한다(1:22-2:5). 이 서두는 남쪽 지파의 승리와 북쪽 지파들의 실패를 대조적으로 부각시킨다. 이와 같은 서두는 이 책 다음에 이어지는 사무엘서의 내용과 상관이 있다. 그것은 다윗 왕조의 역사관을 긍정적으로 강조하면서 기록하였기 때문이다.

이어지는 단락(2:6-10; 2:11-3:6)은 사사시대를 바라보는 역사가의 전형적인 역사 이해를 기술한다. 그 틀에 따르면 여호수아가 아직 살아있던 시절에는 여호와께 순종하였으나 그가 죽은 후의 세대는 끊임없이 여호와께 불순종하여 가나안에 남아 있는 이방 민족들을 정복하는데 실패한 이야기이다. 순종하는 지도자가 죽으면 백성들은 어김없이 하나님 섬김을 중단하고 다른 신들을 섬기기를 반복하는 일이 벌어진다(이럴 때 우리는 이런 반복적 역사를 중단하기 위해서는 어떤 조치가 필요했을까? 하고 물어야 한다).

이럴 때면 어김없이 여호와께서 진노하여 백성들을 노략하는 대적의 손에 넘겨주어 압제와 고통을 당하게 하였다. 이에 백성들이 회개하고 슬피 부르짖으면 여호와께서 뜻을 돌이키시고 사사들을 보내시고 백성을 구원하였다. 백성들은 사사들이 사는 동안에는 평안을 누리다가 사사가 죽은 후에는 또 다시 하나님을 버리고 다른 신들을 섬기는 패역을 자행하였다. 하나님은 진노하시고 대적을 붙여 자기 백성이 고난당하도록 만드시고 뒤늦게 회개한 백성을 위해 사사를 보내어 구원을 주시고…. 계속적으로 반복되는 배교-압제-회개-구원-배교-압제-회개-구원의 역사! 이 틀 속에 사사기가 제공하는 역사 풀이의 해법이 감추어져 있다.

사사기 역사의 올바른 풀이는 다음과 같다. 첫째, 백성들은 모세나 여호수아와 같은 지도자가 없으면 언제라도 여호와를 떠나 다른 신을 섬기는 패역을 저지를 가능성이 농후하다. 따라서 모세나 여호수아처럼 여호와 순종에 철저한 신앙적 지도자가 필요하다. 둘째, 사사들의 백성 구원 사역은 일시적이라서 영구적인 평화를 주지 못한다. 셋째, 따라서 영구적인 평화를 줄 수 있는 영구적인 지도자(다윗 같은)나 영구적 제도(왕권)가 필요하다. 열두 지파의 수효와 동일하게 열 두 명의 사사들이 등장했지만 혼란과 배교가 여전히 기승을 부린 경험을 기억하라! 이 같은 지파 사회의 현실을 인상 깊게 각인시켜주는 내용이 사사기 17-21장에 지파들 간의 혼란과 갈등 이야기로 강화된다. 여기서 주목할 구절은 "이스라엘에 왕이 없으므로 사람이 각기 자기의 소견에 옳은 대로 행하였더라."(17:6; 21:25. 참고. 18:1; 19:1)이다. 넷째, 그러므로 장차 등장할 다윗 왕조는 시대적 요청이란 사실을 준비시킨다. 훗날 만일 다윗 왕조마저 무너지는 일이 벌어진다면 그 왕조의 회복이야말로 약속의 땅을 다시 회복하기 위한 필요조건인 셈이 되는 것이다.

사사기 역사 풀이의 이 네 번째 교훈은 이스라엘이 나라를 일구고 살다가 패망하고 바벨론 제국의 포로로 끌려가 살던 시절의 절망과 희망을 전제로 제시한 것이다. 약속의 땅에 정착하던 시절의 성공과 실패 이야기는 훗날 나라가 세워지고 멸망한 이후의 역사에도 여전히 적용되는 중대한 원리를 제공한다. 여호와께 순종하는 왕인가 아니면 불순종한 왕인가 이것이 바로 나라의 흥망성쇠를 결정짓는 중요한 관건이라는 것이 사사기의 가르침이다.

우리의 삶에 있어서도 순종하느냐 불순종하느냐는 결단은 매우 중요하다. 한 걸음 더 나아가서 가정이나 집단을 이끄는 지도자의 순종과 불순종은 더더욱 중요한다. 그의 결단 여하에 따라 소속되어 있는 가족이나 구성원 전체의 행복과 불행이 좌우되기 때문이다. 지도자는 무슨 일에든지 심사숙고해야 하겠지만 그 무엇보다도 우선되는 것은 그의 결정이 과연 구성원 다수를 진정으로 행복하게 하는 것인지 아닌지를 진지하게 묻는 일이다. 그리고 그 해답은 언약의 하나님 여호와를 섬기고 순종하는 일에만 모두의 행복이 달려있다는 점을 잊지 않는데 놓여 있다. 마찬가지로 여호와 하나님의 관심사도 바로 여기에 놓여 있다는 것을 잊어서는 안 된다. 그렇다면 하나님과 백성, 양쪽 모두를 만족시키는 기준이 무엇인지를 간파하는 일이 필요하다. 양자를 만족시켜주는 기준은 성서가 페이지마다 힘주어 의미하는 진리, 정의, 공평, 평화와 사랑의 실행이다.

33. 역사이해(3)

사무엘서 상하권은 언약백성 이스라엘의 정치 역사를 보도하고 있다. 사무엘상은 어떻게 언약백성 이스라엘이 어떤 동기를 갖고 어떤 과정을 거쳐 주변 국가처럼 왕정제도를 시작하게 되었는지를 말한 후 초대 왕 사울의 행적을 전하는데 할애한다. 언약공동체 위에 왕을 세우는 일에 결정적인 역할을 한 사람은 이스라엘의 마지막 사사요 제사장이며 예언자였던 사무엘이다. 그러나 이 상권은 사울의 행적을 제한적으로 언급하고 훗날 그 권좌를 잇게 될 다윗의 등장과 그를 질투하여 그를 죽이려고 애쓰는 사울 왕의 헛수고, 그리고 그의 최후를 소상하게 기록하고 있다. 사무엘하서는 사울이 죽은 후 다윗이 유다의 왕으로 집권하여 열두 지파 전체의 왕으로 군림하는 과정을 짧게 할애한 후 대부분은 다윗이 왕권을 나라 안팎으로 강화하는 과정에서 벌어진 사건과 위기를 소상히 기록하고 있다. 전체적으로 사무엘상하서를 인물 따라 살핀다면 사무엘→사울→다윗 순으로 전개된다.

사무엘서 상하서와 같은 성서를 읽고 얻을 수 있는 교훈은 다양하고 무궁무진할 것이다. 여기서는 그 중에서 한 가지 측면을 고찰해 보려고 한다. 우리는 이 고대 이스라엘의 정치 역사 전반부를 읽고 지극히 개인적인 경건의 원리를 얻어내려고 애쓴다. 정치사를 살핀 후 개인 경건의 원리를 체득하는 자세는 참으로 칭찬받아 마땅하다. 그러나 정치를 정치로 이해하는 일도 도외시할 수만은 없다. 정치라는 사회적 양상이 없다면 개인경건은 또 무슨 의미가 있겠는가? 침례교는 형성 초기부터 국가의 교회 간섭 배제와 개인의 자유로운 신앙고백 중시라는 입장을 위해 온갖 희생을 무릅쓰며 고수해왔다. 그래서인지 한국의 침례교인이 정치에 대해 무관심하고 오로지 경건생활에만 관심을 갖는 것이 당연한 일로 여겨왔다(다른 교파의 신자들로 마찬가지다!). 하지만 사무엘서라는 성서는 그야말로 이스라엘 백성의 초창기 정치여정을 적나라하게 소개하고 있다. 등장인물 모두 온 백성의 우두머리격에 해당하는 지도자들이다. 그 지도자들이 벌이는 일들은 피도 눈물도 없는 냉혈한 정치 역사이지 은혜로운 경건 기록이라고 말하기 어려울 정도이다.

사무엘은 어릴 적부터 하나님의 성소를 섬기는 일을 하도록 양육되었다. 그러나 노년에 사사로운 욕망에 사로잡혀 분별력을 상실한 채 편견에 사로잡힌 말년을 보냈다. 사울은 하나님께 주목받아 기름부음을 받고 영광스럽게도 이스라엘의 군주가 되었지만 그 역시 욕망에 사로잡혀 권좌에 연연하는 통치행위를 보여주다가 결국은 하나님께 버림을 받고 전쟁터에서 전사하고 만다. 다윗은 일개 목동이었지만 사심 없이 여호와 하나님을 신뢰하는 믿음을 갖고 인정을 베풀고 명예를 소중히 여기며 사는 가운데 점차 주변사람들의 신임도 얻고 결국 최고 지도자 위치에 서게 된다. 그러나 그 역시 인간인지라 탐욕과 나태에 빠지는 순간 왕실은 파탄의 소용돌이에 빠지게 되는 경험을 하게 된다. 이런 정치지도자들의 삶의 이야기가 우리에게 무엇을 말해주고 있는가?

우선, 정치의 근본목적이 어디에 있는지 생각하게 한다. 정치인은 권력을 손에 쥔 사람이라고 정의할 수 있다. 그는 그 권력으로 사람의 목숨을 좌우할 수 있으며 동시에 엄청난 인력을 동원하여 엄청난 일을 도모할 수가 있다. 도대체 그 권력은 어디에서 기원하며 어떻게 사용해야 옳은가?

사무엘서는 이렇게 가르친다. 첫째, 권력의 기원은 살아계신 하나님에게 있다. 그 기원인 하나님을 망각하는 순간 그의 권력은 그에게서 떠나 영원히 사라지고 말 것이다. 둘째, 이 권력을 사용하는 가장 좋은 길은 사람을 살리느냐 아니냐 하는 것으로 판가름 난다. 권력으로 사람을 살리고 이롭게 하면 선한 정치인이고 그것으로 사람을 죽이고 해롭게 하면 악한 정치인이란 딱지가 붙는다. 셋째, 권력은 누구든지 쉽게 타락시키는 마력이 있다. 그러므로 권력을 손에 쥔 자나 그것을 장악하려는 마음을 갖고 있는 자는 항상 살아계신 하나님을 의식하고 늘 겸손해야 하며 범사에 깊은 사려분별력을 갖추어야 한다. 우리 구주 예수님을 보라! 그는 하나님 앞에 죽기까지 복종하여 자기 목숨을 포기하였다. 온 인류를 구원하기 위해서! 정치에 뛰어들어 권력을 갖기를 희망하는가? 무엇보다 먼저, 누가 그 권력을 주는지 기억하라. 그리고 그 권력을 어떻게 사용해야 하는 것이 옳은지를 배우라. 마지막으로 겸손한 자세로 사려 깊게 힘을 행사하라. 자기의 욕심을 채우려 애쓰지 말고 많은 이의 유익과 생명과 행복을 위해 혼신의 노력을 기울여라!

사무엘서는 신앙인과 정치의 올바른 함수관계를 교훈하고 있다. 둘은 별개의 것이 아니다. 정치를 떠나서는 신앙인이 존재하지 않으며 신앙 없이 바른 정치도 불가능하다. 부인하거나 외면할 수 없는 현실

앞에 지도자들은 정치권력을 행사하는 일에 관한 성서적 가르침으로 올바로 교육받을 필요가 있다. 역사는 이 권력의 행사 향방에 따라 물줄기를 바꾸기 때문이다.

34. 역사이해(4)

신명기역사서의 네 번째요 마지막 책은 열왕기서이다. 열왕기서는 다윗의 아들 솔로몬이 왕권다툼 끝에 즉위(왕상 1-2장)한 후 성전 공사와 왕궁 건설을 위해 일으킨 대역사로 서두를 장식한다(왕상 3-11장). 솔로몬의 아들 르호보암에 이르러 나라는 여로보암을 중심으로 북쪽 지파들이 세운 북왕국으로 분열된 역사(왕상 12-13장)를 경험한다. 이어서 북 왕국이 파국을 맞이하고(왕상 14장-왕하 17장) 약속의 땅에 홀로 남은 남 왕국의 나머지 역사와 종말을 기록한 후 바벨론 제국에게 포로로 끌려간 남 왕국의 왕 여호야긴이 잠시 석방되는 사건으로 기록을 마친다(왕하 18-25장).

다윗과 같은 훌륭한 신앙 지도자가 세운 통일 이스라엘. 그토록 어렵사리 출발하여 나라를 세운 사람들의 운명이 어찌하여 종래는 멸망하고 땅에서 쫓겨나게 되었는지를 남북 왕국의 왕들의 치적을 중심으로 기록하되 오직 여호와 하나님 신앙의 눈으로 진솔하게 회고하면서 기록한 역사서가 열왕기서이다. 솔로몬이 이룩한 찬란한 영광은 그 이면에 백성들을 강제노동으로 혹사하는 어두운 자취를 남겼고 여로보암이 다수 백성들의 안녕을 위해 시작한 북 왕국 역시 끊임없이 불안정한 왕권 쟁취의 권력다툼으로 이어졌다. 여호와의 율법을 무시하고 자행자지하는 북왕국의 역사는 결국에 앗수르 제국의 제물이 되어 지상에서 사라지고 만다. 그나마 살아남은 남 왕국마저 히스기야와 요시야의 개혁(왕하 18-20, 22-23장)을 제외하면 북왕국의 통치 역사와 별로 다를 바가 없다. 유다의 왕들 대다수도 백성들에게 그다지 명예로운 기억으로 남아있지 못하다.

하나님의 언약백성 이스라엘의 운명을 한 눈에 보게 해주는 열왕기서에서 우리가 주목하고 가슴 깊이 새겨야 할 대목은 왕국의 흥망 이유이다. 왕국이 흥할 때와 망할 때는 다 그만한 이유가 있다. 열왕기서를 기록한 저자들은 왕국이 흥하고 망한 중대한 이유 중 하나를 이렇게 말한다. 지도자들이 하나같이 하나님께서 보내신 예언자들의 목소리를 가벼이 여기고 무시했던 탓이라고. 위기의 순간에 지도자들이 하나님의 뜻을 저버리는 통치행위를 자행할 때 하나님은 언제나 하나님의 사람들, 즉 예언자들을 보내어 이런 행태를 경고하고 책망했었다. 예언자들의 외침은 당연히 통치자들의 귀에 거슬렸다. 통치자들의 마음이 이미 강퍅하고 교만했기 때문이다. 열이면 여덟아홉 명이 하나같이 낮아질 줄 모르고 자신들의 힘을 과신했다.

통치자의 권력이란 결코 스스로 이룩한 것이 아니다. 그것은 하늘에서 나온다. 하늘의 뜻이 있어서 통치의 권세가 부여된 것이다. 때문에 통치자는 자신의 힘과 권위의 원천인 하늘의 뜻에 귀를 기울이고 마음을 낮추어 통치의 궁극적 목적인 백성들의 삶에 가까이 다가갈 수 있어야 했다. 그러나 하늘 높이 치솟은 권력과 마음껏 누리는 부귀 그리고 뭇 사람이 범접할 수 없는 고상한 명예가 제고하는 삶은 이들의 눈을 멀게 하고 귀를 어둡게만 했던 것이다. 열왕기서가 기록한 역사의 교훈은 바로 여기에 있다.

최고 권력은 하나님이 수여하신다. 최고 권력자는 오로지 하나님의 뜻에만 복종할 때 그 통치가 올바로 이루어지며 나라를 평안케 만들 수 있다. 그리고 그 하나님의 뜻은 오로지 백성들의 안녕에 최우선의 관심이 있다. 백성을 저버린 통치는 이미 하나님을 저버린 통치이다. 그래서 그런 통치가 지속될 리 만무하다. 하늘은 백성을 괴롭히는 통치를 허용하지 않는다. 따라서 나라가 망하는 이유는 자명하다. 예언자의 외침이 무게를 두는 것도 백성의 안녕이다. 기억해보라! 애굽의 바로 밑에서 겪었던 이스라엘 백성의 참담한 삶을. 그래서 출애굽의 구원이 역사 속에 발생하였다. 광야를 통과하여 약속의 땅으로 이스라엘 백성을 인도하셨던 하나님의 본래의 목적이 어디에 있었는가? 하나님의 율법 아래 정의와 공평이 충만하며 평화와 진리가 가득한 사회를 건설하여 다함께 행복을 누리며 온 세상에 여호와 하나님의 복된 이름을 널리 선전하려 하심이 아니었던가? 그런데 그 거룩한 뜻을 깡그리 망각하고 이제는 예전의 애굽 제국과 다를 바 없는 사회를 만들어 자기 백성의 삶마저 압제하고 짓밟고 있으니…. 나만 잘살겠다고 남을 짓밟는 일이 비일비재한 그런 나라가 어찌 하나님의 명예를 드높일 수가 있겠는가? 이스라엘이 멸망한 이유는 너무나 자명하다. 구원의 하나님이 강대국을 동원하여 자신의 백성을 직접 징벌하신 것이다. 그 해악한 나라를 징벌해야만 거룩하고 살아계신 하나님의 명예가 회복될 수 있기 때문이다.

정치 지도자들이나 종교 지도자들, 그리고 기관과 사회의 지도자들이 열왕기서의 내용을 읽고 위의 뜻을 깨달을 수만 있다면 얼마나 좋을까? 만일 이런 의미를 파악했다면 남은 과제는 마음을 돌이켜 회개하는 일뿐이다. 수치스런 과거사를 읽고 엄연한 역사의 현실 속에서 새로운 마음가짐을 갖고 여호와 하나님의 뜻을 철저히 순종하고 실천하기로 작정한다면 그가 지도하는 사회나 공동체 혹은 집단에게는 희망찬 새 미래가 열릴 것이다. 하나님의 뜻이 이루어지는 사회, 공동체, 집단은 온 세상을 향하신 하나님의 구원과 사랑과 정의를 자신 있게 선포할 수 있을 것이다. 우리는 오늘 온 세상에 이 살아계신 하나님의 사랑과 구원의 은총을 부끄럽지 않게 말할 수 있는 과거와 현재를 갖고 있는가? 지금 그런 명예로운 과거와 현재를 꾸려가고 있는가? 경거망동하지 말라. 하나님을 만홀히 여기지 말라. 하나님은 살아계시다. 하나님은 정의로우신 분이며 은밀한 중에 불꽃같은 눈으로 불의를 감찰하고 계신다. 이 세상에는 오로지 거룩한 하나님의 뜻만이 이루어질 것이다.

35. 역사이해(5)

신명기역사 이해 외에 성서의 또 다른 역사서는 역대기역사서이다. 역대기역사서는 역대기 상하, 에스라서, 느헤미야서를 일컫는다. 신명기역사서는 여호수아의 가나안 정복과 땅 분배로 시작하여 그 마지막을 주전 561년 신바벨론 제국에 포로로 잡혀간 유다 왕 여호야긴이 옥에서 석방되었다는 기록으로 끝난다. 그래서 이 역사서의 완성 시기는 적어도 주전 550년일 것으로 추정된다. 반면에 역대기역사서의 마지막은 주전 450년 경 페르시아 제국이 파송한 유다인 느헤미야 총독이 유다 지방을 개혁한 사건으로 마무리하고 있어서 이 역사서의 완성연대는 주전 400년 전후일 것으로 추정된다. 신명기역사서에 비해 약 100년이 훨씬 지난 후 기록된 역대기역사서는 달라진 시대적 상황과 요구에 따라 과거에 벌어진 동일 사건을 언급할 때도 신명기역사서와는 상당히 다른 관점으로 기술하고 있다.

역대기서는 페르시아의 고레스 왕에 의해 바벨론 포로에서 해방되어 팔레스틴의 유다 땅으로 귀환한 사람들을 위해 기술되었다. 페르시아는 유다를 통치할 총독을 임명했지만 유다 백성들에게는 자신들의 왕이 없었다. 그래서 백성들은 제사장에게서 지도력을 찾았고 성전 건축과 예배의 갱신을 통하여 민족의 정체성을 유지하고자 애썼다. 역대기상은 아담에서 바벨론 포로 귀환까지 이어지는 순수한 신앙 가계를 확정하려고 족보를 기술한 후(대상 1-9장), 사울 이후 성전 건축을 준비하는 다윗의 이야기로 마무리한다(대상 10-29장). 족보는 다윗 왕가가 기원한 유다 지파, 제사장이 나오는 레위 지파, 예루살렘이 위치한 베냐민 지파를 주로 강조한다. 역대하는 솔로몬의 통치에 이어(대하 1-9장) 여로보암에 의한 북쪽 지파의 반란을 잠깐 다룬 후(대하 10장)에 주전 587년 예루살렘이 멸망당할 때까지 주로 유다 왕들의 역사만을 기술한다(대하 11-36장). 여호사밧, 히스기야, 요시야 왕은 유다의 신앙과 성전을 개혁한 왕들로서 칭찬을 받는다.

에스라서는 바벨론에 사로잡혀 갔던 유다인들 중에서 귀환하여 예루살렘에서 삶과 예배를 다시 회복한 일을 기술하고 있다. 먼저 페르시아 왕 고레스의 명에 따라 귀환한 포로 이야기(스 1-2장)로 시작하여 예루살렘에 성전을 재건하고 봉헌하여 이전의 예배를 계승한 일(스 3-6장)을 다룬 후 하나님의 율법에 정통한 에스라가 귀환하여 신앙을 개혁하는 이야기(스 7-10장)로 끝난다.

느헤미야서는 느헤미야가 페르시아 왕이 유다의 총독으로 파견한 유다사람 느헤미야(느 1-2장)가 온갖 방해를 무릅쓰고 예루살렘의 성벽을 재건했으며(느 3-7장), 에스라의 지도로 율법에 따라 초막절에 언약을 갱신한 사건(느 8-10장)과 이어지는 느헤미야의 개혁을 기록하고 있다(느 11-13장).

역대기역사서는 제국들에게 짓밟힌 나라의 운명 앞에 민족의 정체성을 회복하기 위한 노력의 산물이다. 이 역사서는 예루살렘 성전에서 오직 여호와 하나님 신앙을 지킴으로써 그 일이 가능하다는 관점을 갖고 있다. 그래서 사무엘서와 열왕기서에 종종 볼 수 있었던 왕들의 비리와 잘못에 대한 기록은 사라지고 예루살렘 성전 예배를 위해 헌신했던 모습들만 강조하여 묘사되고 있다. 에스라서와 느헤미야서에 묘사되었듯이 안식일 준수와 이방여인과의 혼인 파기 기록 같은 극단적인 진술들은 이 당시에 신앙적 순수성을 지키기 위해 얼마만큼 노력했는지를 가히 짐작케 한다. 그렇지 않았다면 신앙에 의한 혈통의 순수성과 민족적 정체성 유지란 구호는 한갓 물거품처럼 사라져버렸을 것이다.

오로지 성전 예배를 강조하는 유대교의 풍토는 역대기역사서의 바로 이런 분위기를 계승한 것이다. 이렇게 예배를 강조한 까닭이 무엇인지 다시 물어보자. 그것은 신앙으로 민족적 정체성을 유지하려는 목적에서이다. 오늘날도 교회에서 예배를 강조한 까닭이 바로 여기에 있다. 하나님 나라의 백성으로 그 정체성을 회복하고 강화하며 유지하려는 뜻에서이다. 목회자들은 이 사실을 한 순간도 잊어서는 안 되며 신자들 역시 여기에서 벗어난 내용을 교육받아서는 안 된다. 예배라도 드리게끔 가르치지 않는다면 신앙인들은 아마 세상 속에서 신앙인으로서의 고유한 정체성을 어느새 망각해버릴지 모른다. "하나님께 영광을 돌리기" 위해서 예배를 드려야 한다는 위대한 명분조차 신앙인들에게는 이제 너무나 식상한 말이 되지 않았는지 반성해보고 싶다. 요즘의 우리에게는 역대기역사서가 제공하는 것과 같은 보다 새로운 신앙적 자양분과 활력소가 필요한 것 같다. 역대기역사를 읽으면서 엄연히 패배한 역사 속에서 희망의 신앙 불씨를 지핀 당시 신앙지도자들의 지혜와 결단에 감탄해마지 않는다. 아니 그런 상황을 만들어 가신 하나님의 은혜로운 역사를 찬미한다. 일보 후퇴는 있어도 영원한 패배를 허락하지 않는 살아계신 하나님을 더욱 신뢰하고 찬양하자!

36. 역사적 사건과 구약성서

성서는 진공 속에서 형성되거나 하늘로부터 떨어져 내려온 책이 아니다. 교회에서는 흔히 성서를 역사적 기록이라고 가르치며 또 그렇게 믿고 있다. 거기에는 그럴만한 이유가 있다. 성서는 고대 이스라엘 백성이 살아간 생생한 역사의 흐름과 동일한 맥박과 호흡 속에서 기록되었기 때문이다. 그런데 오늘날의 대다수 독자들은 어떤 사건이 언제 어떻게 발생했으며 어떤 연관을 갖고 어떻게 기록되었으며 어떤 신앙적 의미를 전하고 있는지에 대해 전혀 모른 채로 성서를 읽는다. 대신 성서를 하나님의 말씀이라는 틀 속에 담긴 기독교 교리 서적 정도로 이해하는 것이 고작이다. 그래서 고대 이스라엘 백성의 역사에는 아예 무지하다. 그러나 이런 상태로는 성서의 페이지 마다 담겨 있는 생생한 하나님의 말씀의 참뜻을 포착하기 어렵다. 차제에 고대 이스라엘 백성이 겪은 몇 가지 중요한 역사적 사건과 연대 그리고 그 사건과 상관있게 기록된 성서가 무엇인지를 잘 배워두었으면 좋겠다. 이를 잘 기억하고 마음에 새겨둔다면 앞으로의 성서읽기와 성서 해석에 큰 도움을 받을 것이다.

구약성서를 읽어 가는데 큰 도움을 주는 결정적인 역사적 사건은 대략 다음과 같은 것들을 언급할 수 있다. (아래의 연대표는 편의를 고려한 것이며 1-2년 정도의 오차가 있을 수 있다. 가능하면 이 연대를 암기해두는 것이 좋다.)

1) 주전 1200년 초반, 출애굽

2) 주전 1004년, 다윗의 통일왕국

3) 주전 926년, 분열왕국의 시작

4) 주전 734년, 시리아-에브라임 위기

5) 주전 722년, 사마리아 멸망

6) 주전 701년, 앗수르 위기
(히스기야 왕 때 앗수르의 산헤립 왕의 예루살렘 포위공격)

7) 주전 622년, 요시야의 종교개혁

8) 주전 587년, 예루살렘 멸망

9) 주전 538년, 페르시아 왕 고레스 칙령

10) 주전 515년, 제 2성전 건축

11) 주전 167년, 마카비 전쟁

12) 주전 164년, 성전봉헌

출애굽 시기에 관해서는 의견이 분분하지만 대개 주전 13세기 초반으로 본다(①). 가나안 땅에 200여년의 정착 시기를 거친 후 이스라엘 백성들은 사사들이 간헐적으로 등장하는 사사시대를 거친 뒤 최초의 왕 사울이 짧게 통치하는 왕국 시대를 맞이한다. 이어서 다윗이 열두 지파를 하나의 나라로 통합시켜 통치하는 명실 공히 통일왕국을 출범시킨다(②). 솔로몬에 이어 그의 아들 르호보암의 무리한 폭정과 강제노동에 지친 백성들은 여로보암을 중심으로 북 왕국을 건립함으로서 통일왕국은 남북으로 분열된 채 백성들은 분열왕국 시대를 살아간다(③).

주전 8세기 후반에 시리아와 북 이스라엘 왕국의 동맹군이 남 유다를 공격하자 유다 왕 아하스는 앗수르에게 지원요청을 통해 해결하지만 이때로부터 유다의 자주권은 앗수르에게 침탈당하기 시작한다(④). 북 이스라엘은 결국 앗수르에게 패망하고 사마리아는 앗수르의 지방으로 전락한다(⑤). 이 사건을 배경으로 기록된 성서는 열왕기상 15-16장, 이사야 7-9장과 호세아 5-7장 등이다. 앗수르의 간섭에서 벗어나기 위해 유다의 히스기야 왕은 조공을 바치지 않자 앗수르의 산헤립 왕이 침공하여 예루살렘을 포위 공격하였으나 하나님의 기적적인 간섭으로 패망의 위기를 모면한다(⑥). 이 사건이 열왕기하 18-20장과 이사야 36-39장의 배경이다.

앗수르의 정치적 간섭과 종교적 영향으로부터 벗어나기 위해 유다 왕 요시야는 민족의 자주정신을 고취시키고 여호와 신앙의 순수함을 지키기 위해 종교개혁을 단행한다(⑦). 그의 파격적 개혁은 신명기서와 여호수아서부터 열왕기하서까지의 역사서를 기록하는 사상적 자양분이 되었다.

솔로몬의 성전이 세워져 있는 예루살렘도 결국은 신 바벨론 제국에게 패망하였고 유다의 지도자들은 포로로 사로잡혀 간다(⑧). 바벨론 제국을 무너뜨린 페르시아 제국의 왕 고레스는 포로들이 귀향하여 신앙생활을 허용하는 종교관용정책이 담긴 칙령을 반포한다(⑨). 이 칙령 덕분에 유다의 포로민 일부는 예루살렘으로 귀향하여 무너진 성전을 재건한다(⑩). 이사야 40-55장 그리고 학개와 스가랴서가 이 시기와 상관있는 내용을 담고 있다.

학사 에스라와 페르시아 왕의 파송을 받은 느헤미야 총독이 유다

지방의 신앙개혁을 주도했지만 이후에도 유다인들은 정치적 자유를 획득하지 못한 상태여서 신앙적인 혼란과 어려움은 멈추지 않았다. 주전 323년 마케도니아의 알렉산더 대왕이 페르시아를 패망시키고 새로운 패권자로 등장한 이래 헬라 문화와 헬라 종교가 유대인의 신앙을 압살하는 분위기는 점차 심화되었다. 경건한 마카비 형제들은 이에 저항하는 전쟁을 벌였고 3년 후 유다인은 예루살렘 성전을 헬라 종교로부터 정화시키고 정결하게 한 후 재차 봉헌한다(⑪⑫). 구약의 묵시문학이라 불리는 다니엘서는 바로 이 시기의 역사와 상관이 있다.

구약성서 속의 사람들은 문자 속에 박제된 가상의 존재가 아니라 우리처럼 피와 땀과 눈물이 있는 사람들이었다. 그들이 살아온 발자취는 구약성서 곳곳에 배어있다. 고난과 역경 속에 그들이 찾은 하나님, 절망과 아픔 가운데 신음하는 그들을 찾아가신 하나님의 이야기가 살아 숨 쉬고 있는 책이 구약성서이다. 오늘을 각성하기 원한다면 위에서 간략하게 언급한 역사의 흐름을 염두에 두면서 다시 일독해보길 권한다. 성서를 너무 교리에만 의지해서 읽지 말고 역사적 변천사와 함께 읽어보길 원한다. 페이지마다 약자를 구원하시고자 애쓰시는 긍휼 많으신 살아계신 하나님을 만날 수 있고 극단적인 역경 속에서도 결코 좌절하지 않고 하나님을 신앙한 사람들의 호흡을 느낄 수 있을 것이다.

37. 언약백성의 나라가 망한 이유

하나님과 언약을 맺었던 백성이 일구었던 나라 북 왕국 이스라엘은 주전 722년 앗수르 제국에게, 남 왕국 유다는 주전 587년 신바벨론 제국에게 각각 망했다. 왜 두 나라가 망했는지 그 이유에 관한 분석은 다양한 각도에서 제시될 수 있다. 구약성서는 이에 대한 이유를 아주 간명하게 그러나 힘주어서 언급하고 있다. 열왕기하 17장은 북 왕국 이스라엘이 망한 이유에 대한 긴 해설서이다. 그리고 그 해설은 훗날 남 왕국에게도 적용되도록 안배되었다. 여기서 말한 나라 패망의 이유는 이렇다. 성서의 설명은 두 가지 영역의 표현들로 이루어져 있다.

첫 번째 영역의 표현들은 여호와 하나님께 죄를 범했다, 하나님을 저버렸다, 그의 명령과 율례를 지키지 않았다, 죄를 범했다, 배역했다, 목을 곧게 했다, 허무한 것을 뒤따랐다, 격노케 했다는 등등이다(왕하 17:7, 9, 13, 14, 17). 이와 같은 표현들의 구체적인 국면은 두 번째 영역의 표현들로 보충된다. 산당을 세우고, 목상과 아세라 상과 하늘의 일월 성신을 경배하고 바알을 섬기며 그 모든 산당에서 분향하고 자기 자녀를 불 가운데로 지나가게 하며 복술과 사술을 행하며 우상을 섬겼다(왕하 17:9, 10, 12, 15-17). 이 두 가지 태도를 금지하라고 경고한 사람들은 예언자들이었다(왕하 17:13). 그들의 일관된 목소리는 "악한 길에서 떠나 하나님의 명령과 율례를 지키며 선지자들을 통해 전한 모든 율법대로 행하라"는 것이었다(왕하 17:14).

얼핏 이해하기 쉬운 것 같은 이런 표현들이 의미하는 바가 무엇이냐고 누가 묻는다면 대답하기가 그리 쉽지만은 않을 것이다. 그저 우상을 섬기거나 다른 신을 섬기지 말라는 뜻이라는 정도로 말하기가 쉽다. 그러나 나라가 망할 정도의 이유로서는 설득력이 부족한 설명 같다.

북 왕국과 남 왕국이 걸어간 패망의 길의 뿌리에는 이방민족과 다른 신 숭배가 제공하는 치명적 유혹이 자리 잡고 있었다. 나라의 지도자들은 오로지 정권을 유지하는 데 급급했기 때문에 주변 강대국이 제공하는 외교적 공세를 거절할 까닭이 없었다. 그러나 외교 관계의 수립에는 조공, 즉 경제적 대가를 지불하는 일이 반드시 따랐다. 그리고 경제적 대가는 오로지 나라 백성들의 살림에서 거둬드린 세금으로부터 충당되어야 했다. 아울러 이러한 정치적 보호 관계를 수립하는 조약을 체결하는 일에는 양국의 대표적인 신의 명예를 걸고 지키는 일이 관례이므로 예루살렘 성전에는 이방나라의 신상들이 즐비하게 진열될 수밖에 없었을 것이며 관계 장관급 지도자들은 조약준수의 예를 표하기 위하여 형식적이라도 이방신에게 절하는 절차를 정기적으로 밟지 않으면 안 되었을 것이다. 더구나 조약관계에 있는 강대국의 권력은 약소국 지도자들에게는 지극히 매력적으로 다가왔을 것임에 틀림없다. 간단히 말해서 약소국 지도자들은 자국민의 경제적 수탈을 방편 삼아 강대국으로부터 자신들의 정권유지를 보장받았던 것이다. 이 과정에서 외국의 종교와 신앙양태가 유입되기도 했던 것이며 성서의 여호와 하나님이 금지한 각종 종교적 관행이 무분별하게 난립하는 것을 방지하지 못했던 것이다.

이를 지켜본 성서의 예언자들이 여호와 하나님 신앙이 주장하는 대의를 망각하고 결국에는 허망한 것일 뿐인 이방인의 신을 추종하는 이런 작태를 경고한 것은 당연지사였다. 그러나 권력에 눈멀고 귀 먹은 자들이 어찌 예언자들의 경고와 양심에서 울리는 소리에 눈뜨고 귀 기울일 수 있었겠는가? 신앙의 도리를 잃어버린 지도자들이 어찌 위기에 빠진 나라를 구해낼 수 있겠으며 지도자들을 신뢰하지 않고 흐트러진 마음으로 살아가는 백성들이 또 어찌 나라를 지켜낼 수 있었겠는가? 그저 강대국의 말발굽 아래 짓밟힐 수밖에.

그렇다면 언약백성의 나라가 강대국에게 망하지 않고 건강하고 튼튼한 나라로 세워져 가려면 어떻게 했어야 했을까? 우선, 지도자들이 참된 신앙을 회복했어야 한다. 여호와 하나님 신앙의 본질이 무엇인지 확실히 알아서 거기에 목표를 두고 통치했어야 한다. 하나님 신앙의 본질은 오경에 누누이 언급되어 있다. 그것은 인간의 생명이 지니는 고상한 권위와 존엄성이 보장되고 유지되는 사회를 만들어 가는데 있다. 모든 인간은 하나님 앞에서 평등하고 고귀하다. 사회의 제도나 어떤 구조도 이를 손상시키거나 약화시킬 수 없다. 통치자가 있는 위계사회를 형성한다고 해도 결코 이 정신을 유지하고 발전시켜야 한다. 그래야 하나님의 명예가 온 세상에 드높아 질 수 있다. 이 기준에서 한 치도 어긋나거나 모자란다면 그 연유가 어디에 있든지 하나님을 거역하는 것이요 그분께 죄를 짓는 것이며 명령과 율례를 저버린 것이며 목을 곧게 하여 허무한 것을 따라가는 행위에 해당한다. 그리고 그런 행위가 만연한 사회에서 그것을 개혁하지 못한다면 언약으로 일구어진 나라라고 해도 결국에는 하나님의 심판을 받아 이웃 강대국에게 패망할 수밖에 없고 백성들은 처참하고 불행한 운명에 처해질 수밖에 없다.

현대 사회나 고대 사회나 하나님을 믿고 사는 방식에는 변함이 없다. 우리 사회가 함께 잘 사는 나라인지 아닌지를 알려면 백성들의 삶이 고귀하고 존엄한 것으로 간주되며 아무도 부당한 위해를 받지 않은지를 살펴보면 된다. 최근에 쇠고기 수입의 건에 대항하여 시민들이 촛불집회를 멈추지 않고 있다. 민심이 움직이는 것을 보고 하늘의 음성을 들을 수 없는 지도자들이었던가? 민심을 기만하기보다 민심과 함께 진심으로 아파하는 지도자들이 나타날 때 비로소 나라가 흥할 수 있다. 예수님처럼 말이다! 이 가르침은 신앙공동체의 지도자들에게도 동일하게 적용된다.

38. 중단 없는 개혁

이스라엘 백성의 역사 속에 전무후무한 칭찬을 받은 왕이 있다. 그는 다윗 왕도 솔로몬 왕도 히스기야 왕도 아니었다. 그는 요시야 왕이다(주전 640-609년). 열왕기하 23장 25절에 "요시야와 같이 마음을 다하며 성품을 다하며 힘을 다하여 여호와를 향하여 모세의 모든 율법을 온전히 준행한 임금은 요시야 전에도 없었고 후에도 그와 같은 자가 없었더라." 그는 성전에서 발견한 율법 책에 기록된 대로 철저히 신앙을 개혁한 왕이었다. 예루살렘 성전 안에 놓여 있는 각종 이방 신상을 제거하고 도성 안팎과 유다 전 지역의 산당에서 우상에게 제사 드리던 제사장들을 폐하고 또 각종 우상숭배를 유인하는 모든 종교상징물들을 완전히 철폐하였다. 심지어 북 왕국의 벧엘까지 올라가 그 제단을 훼파하기까지 했다.

요시야 왕의 개혁 효과는 단순히 순수한 야훼 신앙을 향한 개혁으로만 그치지 않았다. 사실은 벌써 100년 넘도록 앗수르의 지배와 간섭을 받아오던 이스라엘 백성 자체의 자주 정신 확립을 겨냥한 것이었다. 지나친 외세 의존적 역사와 삶은 언약백성이 가나안 땅에서 살아가는 존재의 이유와 그들이 하나님의 영광을 위해 품어야 했던 미래의 희망조차 불투명하게 만들었기 때문이다.

그러나 그의 개혁이 백성 전체의 환영을 받지 못했으리란 것은 명백한 일이다. 우선, 지방의 산당에서 오랫동안 제사를 주관했던 제사장들의 생계에 타격을 주었으니 그들의 원성과 불만은 엄청났을 것이고 또 그동안 앗수르에 의존하여 각종 이익을 챙겨오던 많은 고관과 많은 사람들이 요시야의 개혁에 전혀 동의하지 않았을 것이다.

그럼에도 불구하고 왕권이 발동한 개혁인지라 파죽지세의 힘을 갖고 추진되었다. 그러나 이 개혁은 왕이 애굽 왕 바로와 맞서 싸운 전쟁터에서 불운하게도 전사함으로써 수포로 돌아가게 되었다. 그의 뒤를 이은 여호아하스 왕은 아버지의 유업을 계승하지 못한 채 애굽의 간섭으로 폐위되고 그 대신 애굽의 꼭두각시로 세워진 여호야김 왕은 강대국을 두려워하여 이전의 우상숭배를 모조리 원상복귀 시켰다.

여태까지의 시국과 나라의 운명을 쭉 지켜보던 한 예언자가 드디어 목소리를 높여 하나님의 말씀을 전했으니 그가 바로 예레미야이다. 예레미야 7장과 26장에는 선지자 예레미야가 성전 문 앞에서 행한 동일한 설교를 전하고 있다. 그 설교의 요지는 아주 간단하다. 신앙과 실제 삶은 별개의 것이 아니라는 것이다. 신앙과 실제 삶은 하나라고 그는 역설한다. 그에 따르면 신앙과 실제 삶이 따로따로 전개된다면 그것은 오직 하나님의 심판을 초래할 뿐이라고 선포한다.

예레미야가 이를 확증하기 위해 전하는 설교 내용은 매우 놀라운 주장으로 가득하다. 먼저 예루살렘 성전은 하나님이 거하시는 신성한 곳이므로 어떤 외적의 침입에도 끄떡없다는 주장은 거짓말이요 미신에 불과하다(렘 7:4)는 것이다. 또 성전예배를 통하여 구원을 확신하는 태도 역시 가증한 일에 불과하다(렘 7:10)는 것이다. 예루살렘이든 성전이든 하나님의 뜻에 어긋난 삶이 진행되고 있다면 그 장소가 어떤 곳이든 하나님은 그것을 보호할 가치를 느끼지 않으신다는 것이다.

그 대표적인 실례가 이스라엘 백성이 가나안에 정착하며 살던 초창기에 중앙 성소 역할을 하던 실로이다. 옛날의 실로는 법궤를 안치해 둔 이스라엘 열두 지파의 중앙 성소였으며 온 지파들이 일 년에 세 번 이곳에 모두 모여 하나님을 경배하던 중요한 성읍이었다. 그러나 그 실로 성소를 섬기던 엘리 제사장과 그 자녀들의 타락과 부패 때문에 신성한 법궤는 블레셋과의 전쟁에서 블레셋에게 빼앗겼고 이 소식을 들은 엘리 제사장은 의자에 앉았다가 놀라 넘어져서 목뼈가 부러져 죽음을 맞이했다. 결국 실로는 더 이상 하나님의 거룩함이 머물 장소가 되지 못했다. 언약백성 내부에서 발생한 부패가 결국은 거룩한 하나님의 영광의 말씀이 들어있는 법궤를 이방인에게 빼앗기도록 만든 것이다. 예루살렘이라도 하나도 다를 바가 없다는 것이 지금 예레미야의 설교이다. 마찬가지로 이런 논리를 오늘 우리의 현실에 비추어 본다면 한국의 교회라고 특별히 다를까?

예레미야가 힘주어 말하는 중요한 대목은 이렇다. 한편으로 이방인에게 의존하여 그들의 우상을 섬기면서 다른 한편으로는 율법이 가르치는 정의롭고 바른 삶을 살지 않은 채로 자기 백성을 학대하고 억압하며 불법을 자행한다면 그래도 하나님이 그런 사람들의 예배를 받아주실까? 천만의 말씀이다! 실제 삶이 바르지 않은 채 종교적 의무를 이행하는 것으로 하나님을 기쁘시게 할 수 있다고 믿고 있다면 그것은 커다란 착각이요 오해라는 것이 예레미야의 설교이다. “너희가 만일 길과 행위를 참으로 바르게 하여 이웃들 사이에 공의를 행하며 이방인과 고아와 과부를 압제하지 말며 무죄한 자의 피를 이곳에서 흘리지 아니하며 다른 신들을 좇아 스스로 해하지 아니하면 내가 너희를 이곳에 거하게 하리니 곧 너희 조상에게 영원 무궁히 준 이 땅에니라"(렘 7:5-7).

여호와 하나님은 불꽃같은 눈길로 성전 안에서 그리고 거룩한 도성에서 자행하는 각종 불의와 불법 그리고 악행과 살인을 똑똑히 목도하고 계셨다. 하나님의 영광을 위해 출애굽의 구원을 주시고 언약을 맺었던 그 백성이 이제 하나님의 율법을 무시하고 자신의 안일과 행복을 위해 잔인하고 무자비하게 동일한 언약의 유업을 이어받을 동료 백성의 삶을 짓밟는 모습 속에는 거룩한 하나님의 영광이 더 이상 머물 수 없었던 것이다. 이 백성이 하나님께 준엄한 심판을 받아 나라가 멸망당하고 그 땅에서 쫓겨나야 비로소 하나님의 공의가 바로 서게 되는 것이다.

신앙의 개혁은 중단되어서는 안 된다. 그 어떤 일이 있어도. 지도자가 바뀌고 세대가 달라져도 신앙은 끊임없이 개혁되어야 한다. 우리 교회는 예수 그리스도를 표준삼아 그 사역을 항상 조정하며 성장해야 한다. 그렇지 않고 현재에 안주하려 하거나 부지중에 자행되는 우리의 불의와 불법은 공의로운 하나님의 심판을 결코 피할 수 없을 것이다.

39. "하나님께 영광을 돌리다"의 뜻

장로교의 웨스트민스터 소요리 문답의 첫 번째 질문은 이렇다. "사람이 사는 목적은 무엇인가?" 그 대답은 "하나님께 영광을 돌리기 위해서"이다. 비록 서로 다른 교단의 교회에서 신앙생활을 하지만 이 문답의 내용에 이의를 제기할 그리스도인은 아무도 없을 것이다. 그런데 문제는 도대체 하나님께 영광을 돌린다는 의미가 무엇인가 알아야 하는데 그렇지 못하는 것이 아닌가 하는 현실이 벌어지고 있다는 점이다.

이사야서 43장 7절에는 포로로 사로잡힌 이스라엘 공동체를 가리켜 "내 이름으로 일컫는 자 곧 내가 내 영광을 위하여 창조한 자"라고 말씀하고 있고 레위기의 다양한 제사제도와 그 많은 시편들이 고백하는 기도문의 이면에는 하나님께 거룩한 예배를 드려 영광을 드려야 한다는 사실을 목적하고 있는 것이 사실이다. 그러나 하나님께 영광을 돌리는 일은 오로지 예배를 통해서만 가능한가?

좀 더 다른 각도로 말해보자. 신앙인들은 예배를 통해 하나님이 영광을 받으셨는지 그렇지 못한지를 어떻게 알 수 있는가? 이를테면 가인과 아벨의 제사 이야기를 읽어보면 하나님은 아벨의 제사는 열납하시고 가인의 것은 열납하지 않으셨다고 하는데 그들은 도대체 무엇을 보았기에 제사의 열납 여부 사실을 알았을까? 또 선지자 에스겔은 하나님의 영광이 예루살렘 성전을 떠나는 것과 그 영광이 다시 돌아오는 것을 목도했다고 한다. 그가 본 하나님 영광의 움직임을 우리도 볼 수 있을까? 우리는 예배 시간에 하나님의 영광을 목도할 수 있는가? 하나님의 영광을 우리 눈으로 볼 수 있는가? 아마도 우리 중에는 그럴 수 있는 사람이 없을 것이다. 하나님의 영광이란 눈에 보이지 않기 때문이다. 초월적 존재의 신비한 속성을 어떻게 여느 사물처럼 가시화할 수 있겠는가?

그렇다면 하나님께 영광을 돌린다는 의미는 무엇이며 어떻게 해야 하나님께서 영광을 받으시는가? 신론과 인간론은 떼려야 뗄 수 없는 불가분의 관계에 있다. 그래서 신론 없는 인간론 없고 인간론 없는 신론은 무의미하다고 말할 수 있다. 그래서 신론에 관한 질문은 언제나 인간론에서 찾아진다. 무슨 말이냐 하면, 하나님의 일은 언제나 사람들 사이에서 결정지어지고 사람들 사이에서 이루어진다는 뜻이다. 하나님께 변화가 생긴다면 그 결과는 곧장 사람들 사이에 나타난다. 거꾸로 말한다면 사람들 사이의 변화가 곧 하나님의 즐거움이 될 수도 있고 진노하심이 될 수도 있다는 뜻이다.

그래서 신앙인이 하나님께 영광을 돌리려면 결국은 신앙인이 사람들 사이에 유익을 끼치고 행복을 선사할 때 하나님은 특별한 예배의 제스처가 없다 하더라도 이미 영광을 받으시는 것이다. 반대로 해악을 끼치고 불행을 안겨준다면 호화스런 예배의식을 거행한다고 해도 결코 영광 받으시지 않을 것이다.

흔히들, 신앙인의 삶이 곧 예배라는 말을 들었을 것이다. 그렇다. 삶이 없는 예배란 무의미하고 공허한 것이다. 바르고 옳은 삶만이 하나님께 영광을 돌릴 수 있다. 흉악한 죄인이 드리는 예배 역시 그가 자신의 죄를 뉘우치고 의로운 삶을 결단한다는 것을 전제로 하나님이 기뻐하시는 예배가 될 수 있다. 그가 장차 살아갈 올바른 삶이 하나님의 마음을 즐거운 흥분으로 가득하게 만들 수 있기 때문이다. 예배를 전후해서 그가 살아가는 삶의 질이 곧 하나님께 영광을 돌릴 수도 있고 하나님의 영광을 가릴 수도 있다. 하나님이 열납하는 예배란 이미 그가 살아온 삶의 자취가 어떤가에 달려 있다. 의롭고 정직한 삶을 살았다면 그는 이미 하나님께 영광을 돌린 것이고 이미 하나님은 영광을 받으신 것이며 예배란 이를 확증해주는 의식절차에 해당한다. 불의하고 부정직한 삶을 살았다면 그는 이미 하나님을 모욕한 것이며 예배에 참여한다고 해도 그런 자의 예배란 열납되지 않는 것이다. 그래서 이사야는 "너희의 무수한 제물이 내게 무엇이 유익하뇨 나는 수양의 번제와 살진 짐승의 기름에 배불렀고 나는 수송아지나 어린 양이나 수염소의 피를 기뻐하지 아니하노니 너희가 내 앞에 보이러 오니 그것을 누가 너희에게 요구하였느뇨 내 마당만 밟을 뿐이니라 헛된 제물을 다시 가져오지 말라 분향은 나의 가증히 여기는 바요 월삭과 안식일과 대회로 모이는 것도 그러하니 성회와 아울러 악을 행하는 것을 내가 견디지 못하겠노라 내가 너희의 월삭과 정한 절기를 싫어하나니 그것이 내게 무거운 짐이라 내가 지기에 곤비하였느니라 너희가 손을 펼 때에 내가 눈을 가리우고 너희가 많이 기도할지라도 내가 듣지 아니하리니 이는 너희의 손에 피가 가득함이니라 너희는 스스로 씻으며 스스로 깨끗하게 하여 내 목전에서 너희 악업을 버리며 악행을 그치고 선행을 배우며 공의를 구하며 학대받는 자를 도와주며 고아를 우하여 신원하며 과부를 위하여 변호하라"(사 1:11-17)고 선포하고 있다.

하나님께 영광을 돌린다는 말의 뜻은 단순히 예배를 드리는 일에 그치지 않는다. 그것은 힘과 부의 논리에 굽히지 않고 의롭고 바르게 살면서 언제나 변함없이 약하고 힘없는 자를 도와서 모든 사람이 함께 평화를 누리게끔 헌신하며 사는 것을 뜻한다.

40. 노아처럼 살자

하나님의 진노, 무섭다. 한번 노하시면 그것을 막을 길이, 막을 사람이 없다. 태초에 하나님이 지으신 만물을 보고 심히 아름답다고 경탄을 금치 못한 적이 있다. 그러나 얼마 지나지 않아 사람들이 땅 위에 번성하기 시작하자 온갖 죄악이 관영하게 되었다. 그 수법 또한 요즘 못지않았던 것 같다. 급기야 하나님은 땅 위에 사람 지으심을 한탄하기에 이르셨다. 심히 근심한 끝에 굳은 결심을 하셨다. 자신이 지은 사람을 지면에서 쓸어버리시기로! 더불어 육축과 기는 것과 공중의 새까지. 얼마나 진노하셨으면 그렇게 하셨겠는가?

그런데 바로 이와 같은 하나님의 진노를 쉬게 한 사람이 살고 있었다. 그가 바로 노아이다. 노아란 이름의 뜻은 "안위" "쉼"이다. 하나님의 진노를 쉬게 한 사람, 그치게 한 사람이란 뜻이리라. 진노 중에 하나님은 이 사람을 꽉 막힌 자기 분노의 탈출구로 삼으신 것이다. 그는 도대체 어떤 사람인가?

성서는 그를 "의인이요 당세에 완전한 자라 그가 하나님과 동행하였다"고 묘사한다. 이 짧은 문구로는 그를 제대로 평가하기 어렵다. 그래서 뒤에 이어지는 그의 행적 묘사를 보고서야 비로소 이 평가가 얼마나 정확한지 알 수 있다.

노아의 당시는 "온 땅이 하나님 앞에 패괴하여 강포가 땅에 충만하였다." 온 땅이란 세상 사람들을 총칭한다. "강포"란 폭력을 뜻한다.

문자 그래도 무법천지였다는 말이다. 힘 있는 자가 힘없는 자를 자기 마음대로 휘두르고 뺏고 짓밟고 죽여도 하소연 할 데가 없는 상황이었다는 말이다. 글로벌 시대를 장밋빛 꿈 가운데서 기대하였던 지금의 인류는 어떤가? 경제 강대국이 약소국이나 개발도상국의 시장경제를 마음대로 주무르는 시대이다. 이는 어제 오늘의 일이 아니다. 세계가 합의할만한 제도와 각종 국제적인 협의체가 만들어져 활동하고 있음에도 불구하고 국제적으로 불의한 일은 여전히 비일비재하게 벌어지고 있다. 중남미의 어느 나라에서 벌어진 일이다. 미국을 중심으로 다국적 기업이 운영하던 바나나 농장에서 일하던 농부들은 바나나의 병충해를 예방하기 위해 공중 살포된 해충제에 감염되어 몇 대에 걸쳐 온몸에 판명하기 어려운 무서운 질병을 앓고 있다. 이를 시정하려는 농민들의 시위와 항의가 그치지 않고 있지만 다국적 기업은 아무런 보상도 않은 채 끄떡 않고 기업을 운영하고 있다. 우리나라에 소고기 시장 개방을 요구하는 미국과의 FTA 협상이 이와 다르다는 보장이 있는지 궁금하다. 힘 있는 나라가 힘없는 나라에게 보이지 않는 무력을 행사하고 있는 것은 아닐까 하는 의구심이 든다.

가진 자는 대우받고 없는 자는 천대받는 현실은 국제적인 현상만이 아니다. 우리 사회 곳곳에서도 유사한 현실은 언제나 목도되어 왔다. 하나님의 무서운 진노가 예상되는 시대다. 그런데 그 진노를 쉬게 할 노아는 어디에 있는 것일까? 큰 교회도 많고 훌륭한 목사님도 많으며 대규모 성가대의 합창과 악기 연주소리도 웅장하고 막강한데 이 시대를 향한 하나님의 진노를 쉬게 할 노아는 어디서 찾을 수 있다는 말인가?

노아가 준행해야 할 하나님의 분부는 당시로서는 엄청난 크기의 방주를 짓는 일이었다. 그것도 오직 8명의 인원으로! 그들 주변에 배를 지을 목재나 기구와 재료가 충분했는지도 의문이다. 배를 건조할 기술이나 익히고 있었는지도… 그러나 노아는 불평 한 마디 없이 이를 완성시켰다. 시간이 얼마나 걸렸는지 헤아릴 길 없다. 엄청난 수고와 노력이 전제되며 끈기와 인내가 요구되는 일이었을 것이다. 노아라는 사람이니까 가능했을 것이다. 그는 의인이었고 완전했다. 불법적 수단을 동원하거나 부당한 이익을 챙기면서 목재를 사들이지도 않았을 것이다. 주변의 조롱과 방해에도 불구하고 일을 지체하거나 포기하지도 않았다. 그는 묵묵히 방주를 지었다. 배를 짓기도 전에 마음으로 반발할 수도 있었을 테고, 중도에 그만두고 싶은 마음도 생겼을 것이다. 그러나 그의 수고와 헌신, 그것은 결국 인류 역사에 위로를 가져다주었다. 역사는 끝나지 않고 계속된다. 노아 때문에 인류는 명맥을 이어갈 수 있었다. 노아 때문에 자연의 주기도 변함없이 계속될 수 있었다.

오늘날 우리가 누리는 아름다운 자연, 아름다운 인류의 삶은 모두 이 노아 덕분이다. 이 노아와 같은 삶을 사신 분이 또 있다. 바로 예수님이다. 예수님은 이렇게 말씀하셨다. "수고하고 무거운 짐 진 자들아 다 내게로 오라 내가 너희를 편히 쉬게 하리라." 인류에게 참다운 쉼을 제공하는 예수님은 구약시대 노아의 닮은꼴이다. 예수님 때문에 강포한 인류에게는 하나님의 진노 대신 무지개 색깔의 희망이 주어졌다. 예수 그리스도를 믿는 사람들이여, 노아처럼 살자. 하나님의 진노를 그치게 하는 삶을 살자. 그리하여 암울한 세상에 무지개가 되어 희망을 채워보자.

41. 거인증과 소인증

위대한 신앙의 영웅 다윗을 중심으로 두 가지 유형의 인물을 만난다. 하나는 블레셋 사람 골리앗이요 다른 하나는 이스라엘의 초대 왕 사울이다. 골리앗의 외모는 거인이었고 사울은 보통 사람의 체구이지만 그 심사가 소인배(小人輩)였다. 두 사람 다 한 시대를 풍미할만한 면모를 지니고 있었던 것이 틀림없다. 골리앗의 심성이나 내력에 대해서는 자세히 알 수 없다. 하지만 사울은 그가 역사의 무대에 등장할 때만해도 지극히 겸손한 모습이었다. 그러나 두 사람 모두 하나님의 섭리에는 별 쓸모가 없는 사람으로 전락하고 말았다는 것이 성서의 증언이다. 두 사람 이야기는 아주 대조적이며 이 사회에 존재하는 두 가지 유형의 사람에 대한 훌륭한 교훈을 제공해준다.

골리앗은 블레셋의 영웅이었다. 이스라엘과 벌인 전투에서 그는 이스라엘 군대에게 두려움의 대상이었다. 그를 이겨낼 장수가 없었기 때문이다. 그러나 그는 결국 다윗에게 패하고 죽임을 당했다. 뭐가 모자란 것일까? 외모만 중시하고 힘을 앞세운 까닭에 상대를 무시한 연고였다. 몸집 크고 중무장한 그에게 부족한 것이 있다면 지혜였을 것이다. 아무리 왜소한 체구의 상대방이라 해도 이기려는 싸움에는 반드시 승리를 위한 전략이 필요한 법인데 무턱대고 달려들어 힘과 무기로 제압하려고 덤볐을 것이리라. 어느 한 순간 상대가 던진 작은 물맷돌을 피할 겨를조차 없었을 것이리라. 아무리 체구가 큰 거인이라고 해도 발밑에 놓은 작은 매듭에는 넘어질 수밖에 없다. 작은 돌부리라도 거대한 몸집을 넘어뜨리게 할 수 있다. 전쟁에는 반드시 치밀한 전략과 승부수가 필요하다. 전력 면에서 충분히 이길 수 있는 상대에게 패했다면 그것은 잘못된 전략 때문이라고 밖에 말할 길이 없다.

사울은 처음에 스스로 작게 여긴 적이 있었다고 사무엘은 지적한다(삼상 15:17). "왕이 스스로 작게 여길 그 때에 이스라엘 지파의 왕이 되지 아니하셨나이까." 사울은 본래 자기를 미흡한 존재로 여겼던 모양이다. 아마도 큰일에 적합지 않다고 생각했던 모양이다. 게다가 고지식하기까지 했다. 아버지의 잃어버린 암나귀들을 찾아 이곳저곳을 헤매는 모습을 보면 알 수 있다. 어쩌면 그는 본래 소인배였던 것이 틀림없다. 단순히 겸손함에 그치지 않았다는 증거가 훗날 나타난다. 사울의 자기 왜소증은 결국에는 대의를 망치고 말았다. 그는 아말렉을 쳐서 진멸하고 다 없어지기까지 치라는 여호와의 말씀을 소홀히 하여 "탈취하기에만 급하여 여호와의 악하게 여기시는 것"을 행했다. 소인배는 큰 뜻을 품기 어렵고 큰 뜻을 들어도 곡해하기 쉬운 것 같다. 이스라엘의 초대 왕이 무엇을 의미하는가? 그의 마음에 여호와 하나님 백성의 나라를 일구어 조상들의 유업을 견고하게 할 비전이 있었을까? 그는 나중에 다윗의 승전을 목도하고 이를 질투하기 시작했다. 작고 옹졸한 마음에 무엇을 담아두겠는가? 자신이 부족하면 부하나 아랫사람을 통해 자기의 부족을 보충하고 그것을 확충해가는 지혜가 더욱 필요했을 것인데 그는 그렇지 못했다. 나라의 위기를 모면해준 다윗을 죽기까지 미워했다. 나는 모자라다, 부족하다, 어렵다고 느끼는 왜소증을 앓고 있는 인간은 자기의 굴레를 온전히 탈피하는 각고의 노력이 필요하다. 자신에게 임한 하나님의 놀라운 은혜를 충분히 소화하고 그것을 바탕으로 큰 뜻을 이루려는 노력 말이다. 혼자가 안 되면 둘이 하면 될 일. 자기가 무능해서 못하면 그 일을 할 수 있는 사람의 협력을 얻어서 하면 될 일. 그렇게 못하거나, 그것을 싫어하면 소인배일 뿐이다.

힘은 장사이지만 신중함이 없는 미련한 골리앗. 직위는 왕이지만 소인배요 자기 왜소증 의 유형을 대표하는 사울. 지도자의 유형으로 모두 미흡하고 부족한 존재들이다. 그러나 그들이 주는 교훈이 있다. 육체의 힘에는 신중한 분별력과 지혜가 필요하고, 소인배의 마음은 대인(大人)의 마음으로 보완할 필요가 있다. 우리 교단과 학교에 지도자들을 세우게 되는 계절을 앞두고 있다. 스스로 보잘것 없이 작은 사람이라고 느낀다면 먼저 자신의 성장을 도모해야 마땅하다. 겉으로 겸손한 체 해도 하나님의 역사는 그것을 발가벗겨 진면목을 드러낼 것이다. 지도자가 되기를 바란다면 왜 그 집단의 지도자가 되기를 원하는지에 관해 자신의 삶과 의중을 털어놓아 뭇사람의 지지와 마음부터 먼저 얻어야 할 것이다. 또 자신이 이제껏 살아온 자취를 놓고 스스로 평가한 연후에 합당한 상태에서 지도자의 길을 추구해야 할 것이다. 이제껏 사람들을 괴롭히고 이용하고 갈취한 전력이 있거나 기회주의적으로 살았다면 지금도 늦지 않았다. 먼저 회개하고 자신을 추스르는 일부터 하라. 그 일을 못하겠다면 차라리 지도자의 길에 나서지 말라. 역사를 더럽힐 뿐이다.

다윗은 왕이 되기 이전에 모든 사람의 마음을 얻었다. 자기 주머니를 채우지 않고 전승으로 얻은 이익이 있다면 남김없이 사람들에게 나누어 주었다. 무엇인가 되돌아올 것을 계산하고 그런 행동을 한 것으로 보이지 않는다. 초창기 이스라엘은 가나안 땅에서 생존의 문제로 부심하고 있었기 때문에 모두에게 골고루 나눠주었을 것이다. 사람들의 삶과 고충을 이해하는 다윗! 그래서 그들을 돕고 힘이 되어 주므로 인심을 얻은 다윗! 많은 사람의 칭찬과 신뢰가 장차 나라를 통치하는데 그에게 견인차 역할을 했을 것은 자명한 일이다. 거인증이나 왜소증을 앓고 있는 사람은 집단의 지도자에 부적합하다는 것이 성서의 교훈이다. 지도자로 부적합한 사람들은 차라리 진정한 지도자의 면모를 지닌 사람을 찾아 오히려 그를 돕고 세우려는 노력을 하라. 그것이 하나님 앞에서 더욱 칭찬받고 역사에 유익을 가져다주는 삶이 될 것이다. 누구를 위해 지도자가 되려 하는가? 하나님인가 나인가?

42. 탐욕을 버리라

탐심을 버리라. 과욕을 내지 말라. 정도와 분수에 맞게 살라. 굳이 기독교 신앙의 원칙을 내세우지 않더라도 일반 상식으로도 잘 알려진 바른 삶의 태도이다. 기독교 신앙인이 자랑하고 욕심내서 취할 것이 있다면 그것은 십자가에 달리신 예수 그리스도의 희생과 자기포기의 삶이다. 그 외의 욕심은 적당해야 하고 그것이 아니면 아예 버리라고 성서는 엄중히 가르친다.

십계명의 마지막 계명은 "네 이웃의 집을 탐내지 말라 이웃의 아내나 그의 남종이나 그의 여종이나 그의 소나 그의 나귀나 무릇 네 이웃의 소유를 탐내지 말라"고 당부한다(출 20:17). 사도 요한은 이 세상의 썩어질 욕망을 세 가지로 요약하고 있다(요일 2:16). 육체의 정욕, 안목의 정욕, 이생의 자랑. 구약의 계명이 마음의 움직임까지 간파하여 그것을 금지하고 있다는 사실은 참으로 놀라운 일이다. 하지만 놀랄 일도 아닌 것이 살아가는 이치가 대체로 사람의 욕망과 의지로부터 발생하기 때문이다. 구약은 하나님과 이스라엘 백성이 언약을 체결하는 가운데 꼭 지켜야 할 일, 바로 이 마음의 움직임을 잘 통제할 것을 당부하고 있다. 탐심을 버리라. 만일 탐욕을 내세우면 그에 합당한 결과를 맛보게 될 것이다.

가나안에 들어간 출애굽 공동체는 율법을 철저히 순종하므로 난공불락의 여리고 성을 손쉽게 얻을 수 있었다. 그러나 정반대로 아주 손쉽게 얻을 수 있다고 여긴 아주 작은 규모의 아이 성을 공격했을 때는 여지없이 참패를 맛보았다. 이유를 알아본즉 공동체 구성원 중 한 사람이 계명이 금하는 탐심을 부렸던 것이다. 아간이란 사람이 전리품에 탐심이 생겨 일부를 감추었던 것이다. 시날 산의 아름다운 외투 한 벌, 은 이백 세겔, 오십 세겔 되는 금 한 덩어리. 도대체 그것이 무엇이 대단한 것이라고. 그 재물이 그의 평생을 책임져 줄 것도 아닌데 그가 부린 탐욕으로 공동체 전체의 패배를 가져다 준 것은 물론 그의 목숨과 아울러 자기 집 식구들의 목숨까지 모조리 앗아갔다. 그래서 아골 골짜기가 생겨났다. 작은 재물이 눈 어두워 목숨까지 빼앗긴 중대한 교훈이 담긴 골짜기였다(수 7장).

사울 왕은 아말렉 족속을 쳐서 진멸하라는 여호와 하나님의 명령을 어겼다. 전쟁에 이긴 사울 왕은 아말렉 족속의 왕 "아각과 그의 양과 소와 가장 좋은 것 또는 기름진 것과 어린 양과 모든 좋은 것은 남겨두고 자기가 보기에 가치 없고 하찮은 것만" 진멸하였다(삼상 15:9). 하나님의 명령을 소홀히 하고 자기 생각을 더 옳고 더 좋은 것으로 생각하는 어리석음을 보여준 것이다. 결국 그는 이 일로 하나님께 버림을 받았다. 그는 어떻게 왕이 되었던가? 자기 능력과 판단이 뛰어나서? 전쟁도 여호와의 도움으로 이긴 것이요 왕이 된 것도 여호와께서 자신의 겸손함을 기쁘게 바라보심 때문이 아니었던가? 그의 교만, 그가 여호와의 말씀을 업신여긴 태도로는 왕의 직무를 온전히 수행할 수 없었던 까닭에 하나님은 그를 버리고 다른 인물을 내세우게 된 것이다. 작은 탐욕이 큰 손실을 초래한 것이다(삼상 15장).

엘리사의 종 게하시는 아마 평생토록 선지자를 잘 모셨던 것 같다.

엘리사가 아람 장군 나아만의 나병을 치유한 후 스승이 나아만의 사례를 사양한 모습을 보고 게하시는 탐심을 부려 나아만의 뒤를 좇아가 상당한 금품을 받아냈다. 엘리사는 이를 간파하고 자기를 속이려든 게하시에게 나아만 장군과 같은 나병에 걸려 평생 고통을 당할 것이라고 예언했다(왕하 5장). 은 두 달란트와 옷 두 벌을 받고 스승의 가르침을 배반하고 나병에 걸린 게하시의 운명을 살펴보면 당연한 결과인지도 모른다. 어쨌든 탐심은 결코 사람을 행복하게 만들어주지 못한다.

예수님의 열 두 제자 중에서 돈 궤를 관리하던 가룟 유다의 마지막도 마찬가지이다. 작은 돈을 만지던 그가 하나님 나라의 큰 규모를 어떻게 감당하고 예측했겠는가? 로마 정부와 유다의 종교 지도자들에게 스승 예수를 은 삼십 세겔에 팔아넘긴 그가 뒤늦게 후회해보지만 엎질러진 물은 다시 담기 어렵다.

작은 탐심이든 큰 규모의 탐심이든 자기 분수를 모르고 욕심을 부리면 그 결과는 참담하다. 이와 달리 위대한 침례교 설교자 스펄전 목사는 청중에게 "거룩한 욕심을 부리라"고 설교하면서 성령의 충만함을 받으려는 욕심으로 가득하기를 권유했다고 한다. 이런 거룩한 욕심이 아니라면 크고 작은 개인적인 욕망을 펼쳐볼 심사로 벌이는 모든 행태는 결국 개인의 불행과 집단의 불행만을 초래할 것이다. 오늘 내가 하는 일이나 아니 지금부터 하려고 하는 일이 순전히 나의 개인적인 탐욕에서 나온 것은 아닌지 심사숙고하고 또 재고해 볼 때이다.

43. 주의 일을 수년 내에 부흥케 하옵소서

주전 7세기말 유다가 강대국 앗수르와 애굽 그리고 바벨론 사이에서 생존을 꾸려가고 있을 때. 이들 중 어느 쪽에 의존해야 정권을 유지할 수 있을지 암중모색하면서 지도자들이 정치를 펼쳐가고 있을 때. 사회 곳곳에서는 이런 지도자들의 권력욕 때문에 "강포, 간악, 패역, 겁탈"이 가득하여 "변론과 분쟁"이 그치지 않았다. 결과는 "율법이 해이하고 공의가 시행되지 못하였다."는 것이다. 바로 그 시절, 선지자 하박국이 목소리를 높였다. 도무지 원칙도 방향도 없이 그저 거꾸로만 굴러가는 것처럼 보이는 이런 세상에 과연 하나님의 의로운 통치가 이루어지고 있기는 하는 것인지 아무리 기도하고 또 기도해보아도 하늘에서는 아무런 응답이 없다고 탄식하였다.

유다는 앗수르의 속국으로 지낸 지 벌써 100년이 넘었다. 앗수르를 무너뜨린 바벨론은 잠시 유다에게 기쁨을 주었을지 모르지만 훗날에는 결국 유다의 구원자로 자리매김 하지 않고 있다. 오히려 유다를 멸망시킨 나라가 되었다. 이 와중에 잠시 애굽이 준동한 적은 있지만 그렇다고 유다의 독립에 결정적인 도움을 주지는 않았다. 애굽은 그저 자기네 실속만 챙길 뿐이었다. 사실 알고보면 열국의 준동이란 그 어떤 것도 유다에게 실질적인 도움을 주지 않았다. 유다가 진정으로 의존하고 믿어야 할 상대는 열국이 아니라 세상의 주권자이신 여호와 하나님뿐이었다. 그러나 누가 그것을 알았겠으며 누가 그것을 주장했던가? 적어도 유다의 지도자들 가운데는 없었다. 왜일까? 눈앞의 권력에 눈이 먼 자들이 되었기 때문이다.

하박국 선지자는 바벨론의 준동이나 앗수르의 권력이나 애굽의 움직임조차 모두 하나님의 섭리 속에 있다고 굳게 믿었다. 앗수르를 멸망케 하고 바벨론을 멸망케 하며 애굽을 잠재우는 일은 오로지 하나님의 장중에 달려 있다고 굳게 믿었다. 당장은 국제 정세에 아무런 변화가 없다고 하더라고 결국에는 하나님의 손길이 이 힘겨운 역사를 뒤바꿀 것을 굳게 믿었다. 그래서 "여호와여 주는 주의 일을 수년 내에 부흥케 하옵소서 이 수년 내에 나타내시옵소서"(합 3:2)라고 기도했다.

흔히들 하박국 선지자의 이 말씀은 교회의 숫자적 부흥을 염원하는 것으로 자주 인용된다. 그러나 문맥은 꼭 그렇게 사용하는 것을 지지하지 않는 것 같다. 오히려 하박국 선지자의 이 부흥 염원은 다른 상황에 더 잘 어울린다.

예언서에서 열국과 어울리려고 애쓰는 유다의 운명에 관한 진술은 오늘날 신앙공동체의 운명에 아주 잘 적용된다. 지도자들은 권력에 눈 어두워 하나님의 율법의 참뜻을 무시하거나 왜곡하기 일쑤다. 그러니까 신앙공동체 안에서 앞서 말한 "강포, 간악, 패역, 겁탈, 변론과 분쟁"이 그치지 않는 것이다. 뜻있는 신앙인들이 숱하게 경고하고 아무리 탄식하고 기도해도 이런 현실은 당장 교정되거나 사라지지 않는 것처럼 보인다. 그런 세월이 100년 넘도록 지속되었다고 가정해보라. 그래도 현실은 나아지지 않고 더욱 험난해지고 있다고 생각해보라. 그렇다면 하박국의 심정을 충분히 이해할 수 있을 것이다.

더욱 중요한 것은 이것이다. 하박국이 굳게 믿고 있던 것을 우리의 가슴 속에 깊이 아로새겨야 한다는 사실이다. 그는 여호와께서 반드시 하나님의 의로운 일을 이 세상에 보여주실 것이라고 믿었다. 그것도 수년 내에! 따라서 하나님 앞에 의롭다고 인정받을 수 있는 사람은 이 사실을 "믿는 자"이다. 아니, 그 사람의 중심이 "진실한 자"만이 옳고 의롭다고 인정을 받을 수 있다는 사실이다. 진실함으로 사는 사람만이 하나님 앞에 꾸중을 듣지 않는 사람이라는 뜻이다. 권력에 눈 어두워 강대국의 권력을 등에 업고 그 행보를 수시로 바꾸는 공동체 지도자들은 바람 앞에 촛불처럼 심하게 흔들리다가 이내 꺼지고 사라져 버릴 것이다. 한때는 찬란할지 모르나 그 불빛이 영속적이지 못하여 결국은 어둡고 차가운 그늘 속으로 사라져 버릴 불쌍한 인생으로 전락하고 만다는 말이다.

친애하는 신앙공동체 지도자들이여! 어느 쪽을 원하는가? 하나님과 더불어 영원히 빛나기를 원하는가? 아니면 잠깐 비추다가 꺼져버리기를 바라는가? 하나님과 더불어 영원히 빛나기를 바란다면 무엇보다 율법의 가르침이 지시하듯이 마음의 진실함을 버리지 말라. 지금 당장 권력이 있다고 그것을 휘둘러 사람들에게 상처를 주지 말라. 지금 아무도 시비 걸지 않는다고 해서 사람들에게 포학과 패역을 일삼지 말라. 세상은 돌고 돈다. 내 아랫사람, 나보다 어린 사람이 언젠가는 나보다 강하고 힘이 세질 그런 날이 온다. 항상 진실함으로 인정을 베풀고 힘 있을 때 모두에게 의리를 지키라. 그대들이 연약해지고 누군가를 의지해야 할 때가 이르면 그대들의 평생에 살아온 공과가 여지없이 드러날 것이다. 그 때는 울어도 후회해도 소용없을 것이다. 그 때가 되면 여호와가 이 모든 일을 올바로 바로잡으셨음을 깨닫고 크게 뉘우치게 될 것이다. 그래서 하박국 선지자는 또 다시 이렇게 기도 한다. "여호와여 주는 주의 일을 이 수년 내에 부흥케 하소서!" "오직 의인은 그 믿음으로(그 진실함으로!) 말미암아 살리라"(합 2:4).

44. 합의를 추구하시는 정의로운 하나님

창세기 1장에서 하나님은 사람을 만드실 때 "우리의 형상과 모양을 따라" 사람을 만들자고 말씀하신다. 창세기 11장에서도 하나님은 사람들이 하늘을 찌를 듯 높이 치솟은 성과 대를 만들 때 "우리가 내려가서 그들의 언어를 혼잡하게 하자"고 말씀하신다. 이사야 6장에서 이사야가 하나님을 뵈올 때도 "우리가 누구를 보낼꼬?"하고 고민하신다. 열왕기상 22장에서는 하늘에서 여호와가 보좌에 앉았고 하늘의 만군이 그 좌우편에서 모시고 서 있는 장면이 묘사되고 있다. 여호와께서 좌중에서 "누가 아합을 꾀어 저로 길르앗 라못에 올라가서 죽게 할꼬?"하고 묻자 한 영이 그 일을 자청하자 이를 수락하신다. 욥기 1-2장에서도 유사한 장면이 묘사된다. 여기서는 하나님의 아들들이 여호와 앞에서 섰고 사단도 그들 가운데 있었다고 한다. 욥의 순전한 신앙을 여호와께서 확인하시려는 과정 중에 사단은 욥의 신앙이 좋은 것은 그렇게 보일 뿐이며 삶의 모든 여건이 좋아서 그런 것뿐이라고 참소한다. 이에 하나님은 사단으로 하여금 욥의 신앙을 시험해 볼 것을 잠시 허락하신다.

일반 신앙인들은 성서에서 이런 내용을 읽게 될 때 내심 의아해 할 것이다. 저 창세기의 구절만은 오랫동안 기독교의 핵심교리인 삼위일체 하나님을 암시하는 것이라는 정도의 해석에 만족한다. 하지만 나머지 구절들에 나타나는 하나님의 "우리"는 어떻게 해석할 것인가?

더구나 유일신 신앙의 교리를 굳게 믿고 있는 신앙인들로서는 이런 구절들을 어떻게 이해해야 할지 난감할 것이다. 그렇다고 이런 구절들을 안 읽은 것으로 간과하거나 혹은 없는 것으로 무시할 수는 없는 일이다.

고대 사회의 종교현상을 조금 공부해 본 사람은 이것을 아마도 고대 사회의 다신교적 배경과 언어가 하나님 신앙을 묘사하는데 끼어든 것이라고 해설할 지도 모르겠다. 고대 사회가 다신교적 배경을 지닌다는 사실은 일반적인 현상이다. 그럼에도 불구하고 유일신 신앙을 가르치는 구약성서와 유대인의 신앙양태를 놓고 본다면 이런 구절들은 그렇게 간단하게 설명할 일이 아니다.

십계명의 제 일 계명은 "나 외에 다른 신들을 네게 있게 말찌니라"고 엄중히 못 박고 있다. 이 계명도 따지고 보면 고대 이스라엘 사회에서 다른 신들이 존재하고 있음을 은연중 전제하고 있으며 그래서 신앙공동체에게 다른 신들을 섬기는 일을 경고하고 있는 것이 틀림없다. 여호수아도 가나안 땅을 모두 정복하고 열두 지파에게 공정하게 분배한 뒤에 행한 설교에서 "만일 여호와를 섬기는 것이 너희에게 좋지 않게 보이거든 너희 열조가 강 저편에서 섬기는 신이든지 혹 너희가 거하는 땅 아모리 사람의 신이든지 너희 섬길 자를 오늘날 택하라 오직 나와 내 집은 여호와만 섬기겠노라"(수 24:15)고 선포한 적이 있다. 결국 그도 다른 신들이 존재하며 그들을 섬길 가능성을 배제하지 않고 있는 것이다. 이 모든 말씀들이 지시하는 내용을 종합한다면 과연 우리는 이와 같은 구절들을 읽고 무엇을 배울 수 있을까?

우선, 고대 이스라엘 사회에서는 여러 신들이 존재하는 것을 부인하지 않았음을 알아야 한다. 심지어 하늘의 하나님 곁에도 하나님을 섬기는 또 다른 신적 존재들이 있음을 인정해야 한다. 그 신적 존재들을 일컬어 구약성서는 때로 "하나님의 아들," "사단," "꾀는 영," "거짓말하는 영," "하늘의 만군" 등등으로 다양하게 표현하고 있다. 중요한 것은 그런 신적 존재들의 존재여부가 아니라 하나님이 이런 신적 존재들과 지상에서 벌어지는 문제를 놓고 진지하게 대화하며 논의를 하고 있다는 사실이다. 여기에 중요한 진리가 담겨 있다. 하나님은 하늘에서 지상의 문제를 해결하시고자 할 때 깊이 숙고하신다. 홀로 영광을 받으시기에 합당한 분이지만 다른 신적 존재들과 함께 머리를 맞대고 깊이깊이 고민하신다는 사실을 주목해야 한다. 그런 민주적 논의 과정 끝에 합의를 이끌어내실 때의 표현이 바로 "우리"란 어법이다. 그렇다. 하늘의 하나님은 사람들 사이에서 벌어지는 일에 개입하실 때 결코 즉흥적이지 않다. 미리 만들어진 패턴이나 교리나 공식에 따라 손쉽게 결행하지 않는다는 말이다. 먼저 하늘에서 합의를 도출하신다. 비록 시행착오가 있다 하더라도 그 합의를 존중하신다. 창세기에서 사람을 만드신 일을 보라. 하나님의 형상과 모양을 따라 지음받은 사람들이 하나님의 뜻에 벗어난 행동을 하자 하나님은 그 마음을 뉘우치고 후회하시기까지 한다(창 6:6). 그리고 그 일을 바로 잡기 위해 새로운 일을 계획하시고 추진하신다.

참으로 하나님은 합의를 존중하시는 분이다. 그러나 그 하늘의 합의는 이 세상에 정의로운 질서를 유지하기 위해서라는 점을 잊어서는 안 된다. 아울러 하나님은 그런 판단에 따른 결정이 오류로 드러났을 경우 이에 얽매이지 않고 또 다른 결정을 내리실 자유를 가지신 분이다.

이와 같은 구약성서의 묘사들은 마치 지상의 정치적 합의제도들이 운영되는 방식과 흡사한 것을 알 수 있다. 어쩌면 지상의 합의제도란 바로 이 같은 하늘 제도를 모방한 것으로 이해해도 그리 틀린 말은 아닐 것이다. 그리고 하늘의 합의방식을 하늘의 민주주의라고 말해도 역시 틀린 말이 아니니다. 우리는 하나님이 왜 이런 방식을 취하시는가 하는 질문으로 나아가야 한다. 그 답변은 아마도 하늘과 지상에서 구현되어야 마땅한 정의와 사랑 그리고 평화를 위해서라고 말해야 옳을 것이다.

지상에서 합의를 이끌어내는 제도와 그 목적 역시 정의와 사랑 그리고 평화이어야 한다. 구성원 중 그 누구도 부당하게 손해를 당하거나 억울한 처지에 이르지 않도록, 소수의 의견이 무시당하지 않도록, 아니 그런 일의 발생을 최소화하고 대다수가 다함께 만족하는 사회를 이루어내기 위해서이다. 민주주의가 절대적으로 완벽한 제도는 아니지만 하늘이든 지상이든 정당한 과정을 거친 합의는 존중되어야 한다. 합의에 따라 시행된 결정이 중대한 문제를 일으킨다는 사실을 발견하기 전까지는 이 합의를 지키고 따라야 한다. 하늘의 하나님이 사람을 만들고 후회하시기 전까지 그러하셨듯이. 사단으로 하여금 욥이 잠시 시험당하는 것을 허용하셨듯이. 우리 신앙공동체의 의사소통과 정도 하늘의 하나님이 보여주신 이 은혜로운 절차를 따르되 정의로운 질서추구라는 목적에 부합하게 논의가 진행되기를 바라고 그래서 궁극적으로 진정한 평화를 일구어냈으면 하는 마음이 간절하다.

45. 한나의 기도

고대 이스라엘이 가나안에 정착하여 살다가 블레셋의 침략에 대항하던 때 이스라엘 지파에게 결정적인 지도력을 발휘했던 사람이 사무엘이다. 그는 어머니 한나의 기도로 낳은 아들이었다. 아버지 엘가나의 두 부인 중 한 사람이었던 한나는 남편의 사랑을 갑절로 받고 있으면서도 아들을 낳지 못하는 여인이었다. 한나는 남편과 함께 매년 실로에 가서 만군의 여호와께 예배하고 제사를 드렸는데 여기서 서원기도를 드려 그 응답으로 사무엘을 낳았다. 바로 그녀가 드린 기도문이 사무엘상 2장에 기록되어 있다.

한나의 기도문 내용은 개인의 기도에 하나님이 응답하심에 대한 감사의 기도에 그치지 않는다. 그녀의 기도는 사무엘서 상하권의 중심사상을 관통하는 내용을 담고 있다. 그 내용을 요약하면 다음과 같다. 1) 여호와는 거룩하신 분이다(2:2a). 따라서 세상 그 어느 누구도 그 분의 생각과 섭리를 다 헤아릴 수 없으며 그 분은 연약하고 슬픔을 간직한 모든 사람을 위로하시는 하나님이시다. 이어지는 기도문은 거룩하신 하나님의 모습을 구체적으로 묘사하고 있다. 2) 오직 하나님만이 반석이시다(2:2c). 새옹지마 같은 세상사 속에서도 굳게 믿고 의지해도 결코 그 기대를 저버리지 않는 변함없는 하나님이시다. 3) 하나님은 행동을 달아보는 지식의 하나님이시다(2:3). 하나님은 생각 없이 정해놓은 원칙만을 고집하는 고지식한 분이 아니다. 모든 사람의 행위를 헤아리고 판단하고 계신다. 4) 악한 강자를 누르시고 선한 약자를 일으켜 세우시며 부자를 가난케 하시고 가난한 자를 부하게 하시며 임신하지 못하는 사람에게 많은 자식을 주되 많은 자식을 자랑하면서 그렇지 못한 자를 압제하는 자는 쇠약하게 하신다(2:4). 선한 약자의 편을 드시는 하나님이시다. 5) 인생역전의 하나님이시다(2:5-8). 죽이기도 하고 살리기도 할 수 있는 하나님이시다. 6) 하나님을 대적하는 자를 치시고 자신이 세운 왕 즉 기름 부으신 자를 높이는 하나님이시다(2:10).

위에서 마지막 여섯 번째 항목의 기도내용은 한나의 기도가 왕조의 수립을 예기하는 내용으로서 훗날 사무엘과 사울, 그리고 다윗 왕의 일화가 어떻게 전개될지를 암시하고 있다. 사무엘서 상하권은 한 사람이 추락하고 다른 사람이 상승하는 일이 반복되는 형식을 갖고 있음을 알고 읽어야 한다. 다시 말해서 사무엘이 겸손할 때는 흥하였고, 교만할 때는 자식들 때문에 쇠하였다. 사울 역시 겸손하고 낮은 자세였을 때는 높아졌지만 교만하였을 때 낮아지고 버림을 받았다. 다윗이 약할 때는 하나님이 강하게 하시고 강할 때는 하나님이 약하게 하셨다. 한 인물의 상승과 추락에 이어 다른 인물의 상승과 추락이 마치 사슬모양으로 이어지는 양태를 이 한나의 기도가 요약적으로 제시하고 있는 것이다.

한나의 기도는 잉태치 못하던 여인이 아들을 낳아서 기쁨으로 드리는 찬양의 내용치고는 참으로 방대하고 웅장한 내용을 담고 있다. 이 기도문은 한 여인의 성공담이라기보다는 국가적인 차원의 승리에 대한 염원이 들어가 있음을 볼 수 있다. 그래서 높은 자는 낮추시고, 낮은 자는 높이시는 하나님의 섭리와 인도가 한 여인의 차원에서 민족적인 차원으로 승화된 것을 느낄 수 있다. 더욱이 잉태치 못하던 자가 일곱을 낳았음을 강조하고 있는 것은 이것이 한나 개인의 이야기가 아님을 암시한다. 한나는 사무엘 외에 세 아들과 두 딸을 더 낳았으므로 도합 여섯 자녀를 둔 셈이다. 육이란 숫자는 칠이라는 완전 숫자에 대한 이스라엘 고유의 문화적 선호도를 감안할 때 마지막 일곱 째 자식은 누구일까 독자에게 질문을 품게 만든다. 그런데 그 마지막 일곱째 자식은 한나의 기도문이 상황의 역전을 강조하는 마지막 단계를 완성시키는 자이어야 한다. 사무엘서는 구조상 그 인물이 바로 하나님의 뜻에 합당한 '왕'을 고대하고 있음을 강력하게 암시한다. 그래서 한나는 이렇게 기도한다. "여호와께서 땅 끝까지 심판을 베푸시고 자기 왕에게 힘을 주시며 자기의 기름 부음을 받은 자의 뿔을 높이시리로다"(삼상 2: 10).

이 기도문의 주제와 강조점은 사무엘하 22장에 나타난 다윗의 노래에서 다시 반복된다. 다윗 왕은 "모든 원수의 손과 사울의 손에서 구원받은 날"에 이 노래를 불렀다(삼하 22:1). 그런 맥락에서 볼 때 한나의 기도와 다윗의 노래는 사무엘서의 처음과 마지막을 하나의 신학적 주제로 감싸는 역할을 한다. 이 기도와 노래는 기도, 응답, 순종의 틀을 교훈한다. 한나가 아들 사무엘을 두고 기도-응답-순종의 모범을 보였듯이 다윗 역시 그랬다. 하나님 편에서 볼 때는 절대주권, 거룩하심, 인생역전의 드라마를 펼치시는 긍휼과 정의로운 하나님을 계시한다.

한나의 기도와 다윗의 노래로 시종을 마무리하는 사무엘서를 읽어보면 오늘의 신앙공동체에게 교훈하는 바와 깨닫게 하시는 은혜가 크고 많다. 하나님의 이름을 입술로 고백하는 숱한 인간군상을 보면서 때로는 존경스런 신앙인도 있지만 때로는 저들이 과연 진정한 신앙인인지 의아한 때가 많기 때문이다. 그런 신앙인들은 대개 부끄러운 욕망의 덫에 걸려 스스로 헤어나지 못하는 사람들인지라 더욱 실망스런 경우가 많다. 그럼에도 불구하고 결코 그런 자들 때문에 낙심하지 말아야 할 이유가 있다면 그것은 절대주권자요 거룩하신 지식과 능력의 하나님, 사랑과 정의가 충만하신 하나님이 살아 계시며 여전히 활동하고 계시기 때문이다. 모든 사람에게 때가 되면 하나님이 각 사람의 행위에 따라 적절한 보응을 하실 것이다. 그래서 사무엘서는 현재 우리의 옷깃을 더욱 조심스레 여미게 만든다.

46. 평화에 이르는 길

이사야서에는 현실 세계에 메시아가 오기를 간절히 염원하는 신탁들이 많다. 이사야 11장 1-9절도 그런 내용을 담고 있는 신탁이다.

1절에서 5절까지는 메시아가 어떤 모습을 지닐 지를 묘사하고 있다. 그는 여호와의 영 곧 지혜와 총명의 영이요 모략과 재능의 영이요 지식과 여호와를 경외하는 영으로 충만한 사람이다. 그래서 그의 즐거움은 여호와를 경외하는 일이요 재판할 때면 눈에 보이는 대로 선불리 판단하거나 귀에 들리는 대로 치우쳐 판결하지 않는다. 그는 공의와 정직으로 그 땅에 사는 가난한 자 곧 겸손한 자를 판결하며 반대로 세상의 힘을 믿는 자와 악인은 준엄하게 책망하고 죽음을 선고한다. 그가 내세울 것은 오직 공의와 성실함이다.

6절에서 9절까지는 메시아가 시행할 위와 같은 정의로운 통치에 힘입어 세워지게 될 이 세상의 지극히 아름다운 모습을 약육강식의 짐승세계에서 벌어지는 평화롭고 목가적인 모습으로 은유하고 있다. 먹이사슬의 천적인 이리와 어린 양, 표범과 어린 염소가 함께 사이좋게 누우며 어린이가 송아지와 어린 사자와 살진 짐승을 초장으로 이끌어 먹이고 암소와 곰이 함께 식사하고 사자가 소처럼 풀을 뜯는다. 젖먹이가 독사 굴에서 장난하고 손을 넣어도 해를 받지 않는다. 온 세상의 존재들이 아무도 해를 당하거나 상하지 않는 완벽한 평화의 세상이다. 메시아의 공의로운 통치 때문에 온 세상에는 여호와를 아는 지식으로 충만하여 오로지 생명과 평화만이 가득하게 된다.

이 구절에 따르면 다음과 같은 논리가 성립한다. 만일 우리가 평화가 넘치는 세상을 꿈꾼다면 이를 위해 선행되어야 할 유일무이한 조건은 바로 지도자의 공의롭고 성실한 통치이다. 다시 정리해서 말한다면, 진정한 평화란 오직 정의를 통해서 이루어진다! 이것이 이 구절, 메시아를 대망하는 말씀의 요지이다.

우리 그리스도인들은 이사야가 오시리라고 예고했던 바로 그 분, 즉 메시아이신 예수 그리스도를 믿고 따르는 사람들이다. 우리의 사명은 예수 그리스도를 믿는 믿음 안에서 우리 안에 역사하시는 하나님의 영의 지시에 순응하므로 위와 같은 평화로운 세상이 도래하는 일에 헌신하는 일이다. 즉 우리는 이사야가 예고했던 바로 그 메시아 시대를 일으킬 역군들인 것이다. 우리는 그리스도의 영으로 충만해야 한다. 우리의 즐거움은 여호와 하나님을 경외하는 일이어야 한다. 우리는 눈에 보이는 대로 선불리 판단하거나 귀에 들리는 대로 치우쳐 판단해서는 안 된다. 가난한 자를 긍휼히 여기고 돈과 권력의 힘을 앞세운 악인을 강하게 압도하여 이 세상이 살만한 곳임을 보여주어야 한다. 우리가 자랑하고 내세울 것이 있다면 공의를 성실하게 사랑하는 일이다. 그럴 때만이 비로소 평화로운 세상이 도래할 수 있다.

이 성서의 가르침과 현실은 너무나 큰 거리감이 있어서 안타깝다. 교회의 지도자들이나 평신도들은 대체로 "좋은 것이 좋은 것이다"라는 생각에 빠져 있는 것 같다. "옳은 것이 좋은 것이다"는 생각은 알면서도 피하고 아예 안하려고 한다. 옳음을 내세우면 누군가가 다친다고 생각해서이다. 그래서 악은 물리쳐야 할 대상임에도 불구하고 악을 용납하고 그 악이 판을 치도록 방치한다. 사랑과 은혜의 이름으로! 그러나 이것을 잊지 말라. "좋은 것이 좋은 것이다"는 사탄의 논리요 어둠의 논리라는 것을! 그것은 신앙공동체 안에서 발생하는 악을 결코 척결하지 못하게 만들고 급기야 메시아 시대의 도래를 지체시킨다. 2000년이 지나도록 이 세상이 그리스도의 푸른 계절로 변하지 못하는 까닭은 바로 여기에 있다. 신앙인 스스로가 부지불식간에 그리스도를 반대하는 자가 되어 그의 이름으로 일하면서 그 분의 통치가 도래하기를 더디게 만들고 있는 악랄한 범죄를 저지르고 있는 것이다. 위아래 모두 한 통속이 되어 세상의 의로운 변화를 오직 세월의 흐름과 단언할 수 없는 신의 섭리에 무책임하게 맡기고 살아가고 있는 것이다.

평화에 이르는 길은 요원하기만 하다. 신앙공동체 안에 "좋은 것이 좋은 것이다"는 논리가 팽배하고 "옳은 것이 좋은 것이다"라는 공의를 추구하는 생각과 행동이 제자리를 찾지 않는 한, 메시아 시대 즉 하나님의 나라는 결코 오지 않을 것이다. 그리스도인들 스스로가 그것을 훼방하고 있기 때문이다. 그래서 이 세상의 약육강식은 지속될 것이며 그리스도인들은 평화를 갈구하지만 결코 거기에 도달하는 방법을 모른다. 일시적인 평화가 온다 해도 결국은 약육강식의 세계로 회귀하곤 한다. 이 세상 속에서 가치 있는 삶, 거룩한 삶, 의미 있고 생명 가득한 삶을 추구하며 살기는커녕, 권력과 돈과 명예라는 수단과 도구의 노예가 되어 먹고 먹히는 보이지 않는 전쟁을 치르고 있다. 또한 아비규환의 세상을 살아가면서 아무 대책도 없다. 그 안에서는 아무리 구원을 열망해도 진정한 구원을 체험하지 못할 것이다.

평화에 이르는 길은 분명하다. 공평과 정의를 시행하는 것이다. 그 안에만 참된 구원이 있다. 그것이 이사야서 11장에 기록된 메시아 신탁의 가르침이다. 우리 안에 성서적 평화시대의 도래를 가로막는 사탄의 논리가 작용하는 곳이 없나 살펴보라. 있다면 그것을 단호히 배격하고 척결하여 공평과 정의로 가득한 메시아 시대를 일보 앞당겨야 한다.

47. 하나님의 이름을 망령되게 부르지 말라

십계명의 세 번째 계명은 "너는 네 하나님 여호와의 이름을 망령되게 부르지 말라 여호와는 그의 이름을 망령되게 부르는 자를 죄 없다 하지 아니하리라."이다. "망령되게"란 말은 "헛되이, 쓸데없이, 함부로"를 뜻한다. 하나님의 이름을 쓸데없이 혹은 함부로 부르는 일이란 어떤 일을 말할까? 대개는 법정이나 일상사에서 하나님의 이름으로 맹세하는 일을 금지하는 것이라고들 이해한다. 하나님의 이름으로 맹세하는 일이 그리 나쁜가? 그만큼 하나님께 징벌을 받을지언정 자신의 진술은 추호의 거짓도 없다고 주장하는 것일 텐데 그런 동기에서 나온 진실선언을 왜 금할까? 그리고 만일 이 계명의 의미가 이런 것이라면, 이것은 십계명의 아홉 번째 계명의 뜻과 중복되는 셈이 된다. 아홉 번째 계명은 "네 이웃에 대하여 거짓증거하지 말라."이다. 십계명 각자가 독특한 의미영역으로 신앙공동체의 삶을 바로 세우려는 뜻이 있다면 구태여 이렇게 의미가 중복되는 계명을 수여할 필요가 있었을까 의심스럽다. 따라서 세 번째 계명은 아홉 번째 계명과 다른 차원에서 이해되고 설명되어야 한다.

이 계명은 누군가가 여호와 하나님의 이름을 앞세워 공동체를 선동하여 무리하고 부당한 일을 추진하지 말라는 뜻을 지닌다. 신앙공동체는 이와 유사한 일을 무수히 경험해 왔다. 구약성서는 신의 이름이 지니는 절대적 권위를 내세워 인간의 생존권과 자유를 억압한 사례들을 즐비하게 나열하고 있다. 대표적인 것이 바벨탑 사건이다. 지도자들은 자기들의 이름을 내기 위해 이름 없는 다수 백성의 시간과 노동력을 강제로 동원하였다. 백성들은 도시 건설과 도시 안 중앙에 위치한 성전의 높은 탑을 세우는 일에 동원되었다. 도시 건설은 정치적 안보를 빌미로 추진되었을 것이며 성전의 탑 건설은 종교적 축복을 미끼로 장려되었을 것이다. 결국 그 일은 하늘에 계신 하나님의 간섭으로 중단되었다. 하나님은 그들의 언어가 서로 혼잡하도록 만들어서 공사의 진행을 방해하였다. 그렇게 하신 까닭은 그런 일을 "이후로는 그 하고자 하는 일을 막을 수" 없을 것이라는 판단 때문이었다.

애굽의 바로가 히브리 노예들을 강제 동원하여 국고 성 비돔과 라암셋을 건축하게 한 일도 여기에 해당된다. 바로도 자신이 믿는 신의 이름을 내세워 이 일을 추진했을 것이 틀림없다. 그러나 이 계획도 결국은 히브리 노예들의 대규모 탈출로 이어졌다. 인간의 기본권을 말살하는 강제노동과 착취를 하나님께서는 용납하시지 않는다.

솔로몬 왕이 도성 예루살렘에 성전과 궁전을 짓는 일도 여기서 예외가 아니다. 성전 짓는데 7년, 궁전 건축에 13년이 걸렸다고 하는데 그 동안 동원된 백성들의 노동력의 크기란 상상하기 힘들 정도로 엄청난 것이었다. 그러나 하나님의 성전을 짓는다는데 누가 반대하겠는가? 이 경우는 사무엘하 7장 12-13절에서 이미 예언자 나단의 입을 통해 다윗의 몸에서 날 자손이 성전과 왕조를 견고하게 세울 것이라고까지 예언한 바가 있으니 누가 이 대공사를 거역하겠는가? 그러나 이러한 무리한 공사는 다수 백성들의 원성을 자아냈고 훗날 통일 이스라엘을 분열시킨 직접적인 원인이 되었다. 아무리 솔로몬의 성전이 위대하고 찬란하여 하나님의 영광이 가득했다고는 하나 사람들의 아픔과 고통을 외면한 성전 건물이란 또 무슨 의미가 있겠는가? 이럴 경우, 하나님의 이름을 들먹이거나 내세우는 일은 사실상 종교적 강요일 뿐 허무하고 망령된 일이 될 수밖에 없는 것이다.

유다의 히스기야 왕이 오랫동안 지속되어온 앗수르 제국의 멍에를 벗어던지기 위해 어려운 국력을 총집중시켜 추진한 일조차 예언자들의 비난을 받았음을 기억하자. 히스기야 왕은 도성을 확장하고(사 22:10-11) 수로를 만들어 성 밖의 물을 성 안으로 끌어들이는 대공사를 실시하였다. 나라를 지키고 백성을 보호하자는 목적의 공사였다. 그러나 당대의 예언자인 미가는 "시온을 피로, 예루살렘을 죄악을 건축하는도다"라고 비난하고 예루살렘 성전과 도성의 파괴와 멸망을 머뭇거리지 않고 단호하게 선포하였다(미 3:10, 12). 사실은 왕이 정권을 유지하려는 목적이 백성의 삶을 옹호하려는 뜻보다 더 강했던 것이기에 비난받은 것으로 이해된다.

하필 성전 건축이나 도성 건축에만 하나님의 거룩한 이름이 들먹이거나 내세워지지는 않았다. 지도자들은 언제든지 자신들의 음흉한 야심을 포장하기 위하여 수시로 하나님의 이름을 내세우는 일이 허다하다. 아니, 일반 신앙인조차 삶의 저변에서 늘 하나님의 뜻이나 이름을 내세워 자신을 변론하거나 옹호하곤 한다.

이렇게 하나님의 이름을 함부로 들먹이고 내세우는 일은 신앙인이 흔하게 겪는 일상사이다. 우리가 이 계명에 저촉되지 않게끔 하면서도 하나님의 이름을 내세우려면 어떻게 해야 할까? 십계명은 출애굽 구원의 경험이후 시내 산 언약의 조건으로 주신 것이다. 이 계명은 반드시 출애굽 사건의 의미에서 해석되어야 한다. 출애굽 구원사건은 인간에게 정치경제적인 그리고 종교적인 해방과 자유를 확보해준 사건이다. 계명들은 바로 이 의미를 구현해주는 삶의 자세를 담고 있다. 그리고 오경은 그 누구의 자유나 권한을 침해하지 않고 또 그것이 침해 받지도 않는 섬김과 평화의 삶이 곧 하나님의 형상으로 살아가는 삶임을 가르치고 있다. 따라서 하나님의 이름을 의미 있게 내세우려면 그것이 바로 창조와 구원의 목적을 반드시 성취하는 일이어야만 한다. 그렇지 않다면 하나님의 이름을 내세우는 일이란 무엇이든 헛되고 망령된 일에 불과하며, 결국 하나님의 엄중한 판단을 받게 될 것이다. 지도자나 평신도 모두 무슨 일에든지 하나님의 이름을 내세울 때면 심사숙고를 거듭해야 할 것이다. 아니라면, 함부로 하나님의 이름을 언급하지 않아야 할 것이다.

48. 신상제조 금지 명령의 참 뜻

출애굽기 20장과 신명기 5장에서 두 번 기록된 십계명 가운데서 두 번째 계명은 신상(神像)제조를 금지한다. 그 신상을 만드는 방법에는 제한이 없다. 무엇은 괜찮고 무엇은 안 되는 것은 없다. 조각해서 만든 것이든 아니면 다른 방식으로 만든 것이든지 어떤 경우든지 안 된다. 또 그 신상이 묘사하려는 모델이 무엇이든지 안된다. 사람을 포함하여 하늘과 땅 그리고 물속의 모든 생물이나 무생물의 형태가 금지된다. 그러나 무엇보다도 신상을 만든 목적이 그것에게 섬기거나 절하기 위한 것이기 때문에 금지된다.

이 같은 금지명령이 내려진 이유는 하나님이 질투하는 하나님이시기 때문이다. 다른 신, 아니 신도 아닌 것을 신처럼 경배하는 것에 대해 하나님은 강력한 분노를 느끼기 때문이다. 그래서 그런 우상을 섬기는 자는 곧 하나님을 미워하는 자로 규정된다. 그리고 하나님은 그런 죄를 지은 자를 자손 삼사 대까지 함께 처벌할 것이다. 이와 반대로 하나님을 사랑하고 계명을 지키는 자에게는 무궁한 세월 동안 은혜를 베푸실 것이라고 말씀하신다.

왜 이런 금지명령을 주셨는지 어떤 측면에서 본다면 충분히 이해할 수 있을 것 같다. 출애굽의 구원 은혜를 받은 자들이 하나님이 아닌 엉뚱한 실재 혹은 실재하지도 않은 사물에게 공을 돌리고 그것들에게 감사를 표한다면 얼마나 억울하고 분하고 속상하시겠는가? 감사와 고마

움은 참으로 구원을 베푼 당사자에게 표현해야 하고 또 평생 섬기고 경배하고 싶다면 역시 구원을 베푼 그 분에게만 해야 마땅한 일이다.

하지만 이 계명의 뜻을 단지 이런 의미로만 이해하는 것은 아주 협소한 생각이다. 삶은 광활한 현상 속에 펼쳐진다. 종교란 종교로 국한된 현실이 아니다. 그것은 정치와 경제 그리고 사회와 및 문화까지도 결부되어 있는 현실이다. 종교와 신앙의 현실을 논하고 고찰할 때 방금 언급한 사회의 제반 국면들이 어떻게 상호작용하는지를 함께 고려한다면 보다 입체적이고 실질적인 뜻풀이가 가능하다. 이런 맥락에서 사회적 국면들을 함께 고려하면서 신상제조명령을 살펴보기로 하자.

신상을 어떻게 만들든지 신상은 그것을 중심으로 사람들을 두 집단으로 나눈다. 만드는 자(그 신상의 기능을 규정하고 통제하는 자)와 신상을 섬기는 자가 그것이다. 만드는 자와 통제하는 자는 같을 수도 다를 수도 있다. 여하간 만들고 규정하는 자는 신상을 중심으로 발생하는 종교심 혹은 신앙심을 조종하는 자이고 섬기는 자는 그 통제에 따르는 자가 될 수밖에 없다. 사회적 상호관계로 말한다면 신상제조자는 종교권력자가 되고 숭배자는 그 권력의 노예가 되는 것이다. 신상을 중심으로 조성되는 교리와 신앙 사이의 관계는 합리적 이성의 틈새나 반론을 허용치 않고 맹목적인 추종을 요구한다는 의미에서 숭배자는 자연스럽게 종교권력의 노예로 전락하고 만다. 이런 정치적 관계는 동시에 경제적 관계로 이어진다. 만드는 자는 신상 숭배자의 헌물로 치부하게 되고 종래는 부요를 축적하게 되어 부를 휘두르는 자가 될 것이며 숭배자는 삶 속에 벌어지는 행운과 불행을 신의 축복과 저주로 이해하고 살아갈 뿐이다. 이런 관계 속에 숭배자의 이의나 불만은 표출될

여지도 용납되기 어렵다.

신상제조 금지명령은 신앙인이 허무한 신상을 중심으로 벌어지는 이와 같은 정치적 경제적 종속적 관계의 덫에 빠져 불행해지는 것을 막으려는 뜻이 담겨 있다. 그만큼 출애굽 구원의 하나님은 압제받는 사람이 정치적으로나 경제적으로 자유로운 삶을 누리며 살기를 바라신다. 심지어 하나님을 섬기는 일에 있어서조차 사람의 지성을 억압하여 어떤 행위를 강제로 요구하거나 재물을 조건으로 내세우는 일은 없다. 무슨 일이든지 자발적 충성이나 즐거운 마음으로 참여하기를 기다리실 뿐이다.

중요한 것은 신상을 중심으로 두 가지 구별된 명령이 내려지고 있다는 사실이다. 하나는 만들지 말 것이고 다른 하나는 섬기지 말라는 것이다. 신앙인이 스스로 신상을 만들어 섬기는 수도 있겠지만, 만드는 자와 섬기는 자가 다를 수도 있다. 후자의 경우, 만들어서는 안 되는 이유는 분명하다. 종교적 권력을 지향하여 신상으로 재물을 축적하고 남을 지배하며 통제하려는 더러운(!) 욕망을 가지지 말라는 것이다. 그것에 절해서 안 되는 이유도 명백하다. 그것은 자신을 신앙의 노예로 전락시켜 자율적이고 정상적인 삶을 영위하기 어렵게 만들기 때문이다. 전자의 경우는 참 신앙의 대상을 혼동하는 일이기 때문이요, 신상 제조 자체가 영이요 자유하신 하나님을 물체 속에 감금시키는 일이 되며 또 그것을 섬김으로 신의 뜻이나 축복을 마음대로 조종할 수 있다는 자기기만의 오류를 범할 수 있기 때문이다. 심지어 법궤나 예루살렘 성전조차 하나님을 담아두거나 하나님이 영원히 머무는 장소는 아니었음을 기억하라.

신상제조 금지 명령은 한편으로 사람을 인위적인 종교권력의 압제로부터 그리고 정치적 경제적 수탈로부터 자유롭고 평등하며 존엄한 존재로 살아가게 하려는 명령이다. 또 다른 한편으로는 하나님이란 인간이 만든 생각의 굴레에 속박되지 않는 자유로운 존재임을 확인시켜주는 명령이기도 하다. 그래서 이 계명을 위배하는 자는 자기가 만든 올가미에 씌워 그 불행의 대가를 지불하게 될 것이지만 이 계명을 잘 지키는 자는 하나님의 은혜 안에 변함없이 머물러 살게 될 것이라고 덧붙이고 있는 것이다. 그리고 이 계명에 명시된 하나님의 질투란 바로 이 대목에서 빛난다. 너무나 뜨겁게 사랑하여서 지극한 복을 누리게끔 하고픈 간절한 마음이 꺾일 때 내면에서 우러나온 감정, 그것이 하나님의 질투심이란 것을 잊지 말자.

49. 구약성서의 구원론

구약성서에 구원론이 있느냐고 묻거나 그것이 어떤 것이냐고 설명을 요구하거나 또 심지어 기독교의 구원론과 구약의 구원론에는 어떤 차이가 있느냐고 묻는 경우를 보았다. 구약성서를 구원론의 관점에서 보는 방식은 매우 오랜 역사를 지니고 있다. 예수 신앙이 기독교란 종교의 틀(경전, 신조, 주교를 갖추면 종교라고 정의한다)을 갖추어 온 이래 기독교는 언제나 구약성서를 향해 바로 이 질문을 던져왔기 때문이다. 이로 인해 구약성서는 언제나 그 본래적 의미보다는 신약성서를 중심으로 보는 시각으로 편향되거나 굴절되어 이해되어 온 것이 사실이다. 심지어 기독교의 구약 무용론을 들먹이기까지 했다.

구약성서는 세상을 창조하신 하나님과 인류, 그리고 그 인류 가운데 선택된 소수의 사람들(족장), 그리고 다시 그들이 일군 나라 이스라엘의 관계 속에서 전해지는 하나님의 말씀이다. 다시 말한다면 구약성서는 고대 이스라엘 사람들의 삶과 역사 속에서 경험되어 전해지는 하나님에 대한 이야기요 또한 사람들의 이야기인 셈이다. 이와 같은 내용과 형식을 가진 구약성서인지라 처음부터 신약성서에서 지배적으로 말하는 구원론을 구체적으로 발견할 수 없는 것은 당연하다. 아담과 하와, 가인과 하나님, 노아와 하나님, 아브라함-이삭-야곱 그리고 요셉과 하나님 사이에 구원론이라 지목할 만한 내용을 발견할 수 없는 까닭이 여기에 있다. 그러나 굳이 구원론을 꼭 언급해야 한다면 그 구체적인 형식과 내용은 출애굽 사건과 시내 산 언약에서 발견할 수밖에 없다.

먼저 출애굽의 구원을 경험한 사람들은 시내 산에 모여 구원을 베푸신 하나님과 만나 언약을 체결하였다(출 19:4-6). 언약의 내용은 이렇다. 하나님께서 분부하신 말씀, 즉 언약의 내용(십계명과 율법들)을 준행하면 이스라엘은 하나님의 백성이 되고 하나님께서는 이스라엘의 하나님이 되신다는 것이다. 만일 여기에 어긋나는 행동을 한다면 서로의 관계는 깨어져 이스라엘은 더 이상 하나님의 백성이 아니며 하나님께서는 더 이상 이스라엘의 하나님이 아닌 관계로 전락하고 만다는 것이다. 이보다 먼저 알아야 할 일은 출애굽 구원의 사건은 사실상 족장에게 주신 땅과 자손에 대한 하나님의 약속이 성취되기 위한 중요한 시발점에 해당된다는 사실이다. 그런 의미에서 출애굽 사건은 거룩한 하나님이 약속을 잊지 않으시고 행동하신 은혜의 사건인 것이다. 하나님의 이 선행적 은혜를 바탕으로 구원받은 사람들은 새로운 삶을 지향하는 거룩한 언약을 체결한 것이니까 시내 산 언약 하나만을 두고 그곳에서 구원론을 전부 해설하기는 어렵다. 그리고 이후 진행되는 구약 백성의 역사는 거의 모두 출애굽과 시내 산 언약 사건의 빛에서 이해되고 해석된다.

따라서 구약성서의 구원론이란 오직 살아계신 창조주 하나님을 믿고 그분이 구약성서에서 제시하는 삶의 자세를 기억하고 살아가는 것이라고 말할 수 있을 것이다. 여기에서 율법을 준행하는 일도 구원의 조건이 아니라 언약을 계속해서 유지하는 조건인 셈이라고 이해된다. 혹자가 할례나 안식일 준수를 구원의 조건인 것처럼 이해하는 경우도 없지 않은데 그것들은 모두 언약의 징표일 뿐이지 구원의 조건이라고 할 수 없다. 그것들은 이미 구원받은 백성의 표시에 불과하다.

하나님께는 인류 전체가 구원의 대상이며 인류는 누구든지 창조주 하나님의 은혜 아래--그것을 깨닫든 못 깨닫든 관계없이--살아가고 있다. 구약적 관점에서만 말한다면, 바로 이 하나님의 은혜를 깨닫고 그를 믿고 섬기기로 작정하면 그 때로부터 그는 구원받은 것이요 구원받은 삶을 살아가는 것이라고 말할 수 있다. 그러나 어떤 사람이 먼저 하나님을 알고 깨달을 수 있겠는가? 인간으로서는 방도가 없다. 하나님이 선행적 결단을 하셔서 보내주신 예수 그리스도를 통하지 않고서는 성서의 하나님이 참으로 유일하신 하나님 되심을 알고 그 분이 정하신 삶의 길을 따라 살아갈 방도가 없기에 참된 구원론은 오직 예수 그리스도를 통해서만 설명이 가능한 것이다.

구약성서에 구원론이 있느냐는 질문은 이미 신약의 예수 그리스도를 믿는 사람이나 던지는 질문일 것이다. 그러나 예수를 믿고 구원받은 사람이라면 구약성서에서 말하는 구원론 혹은 유대인의 구원론을 찾으려 애쓸 필요가 없다. 구원받은 그리스도인이 구약성서를 읽는 올바른 자세는 기도하는 자세로 하나님이 원하시는 삶이 어떤 것인지를 배우려고 부단히 노력하는 일이다. 신앙인이 질문을 갖는 것은 건강한 일이지만 불필요한 질문이나 논쟁은 엉뚱한 결론에 도달할 수 있으므로 신중할 필요가 있다.

50. 하나님의 주권과 인간의 책임

앞장에 게재한 구약성서의 구원론이 조금 부족한 것 같아서 여기서 조금 더 보충 설명하려고 한다. 하나님께서 인간에게 수여하시는 구원에 관한 한 하나님의 주권과 인간의 책임을 고려하는 것은 필수적이다. 그러나 하나님의 주권을 강조하면 칼빈의 신학을 지지하는 인상을 주게 되고 인간의 책임을 강조하면 알미니우스의 신학을 지지하는 인상을 받곤 한다. 하지만 칼빈이나 알미니우스는 16세기의 신학자들이며 나름대로의 탁월한 공헌에도 불구하고 성서학적 견지에서 본다면 이들의 주장은 아직 성서비평학이 도입되기 이전의 단계에서 이루어진 토론이요 주장이기에 여기서는 더 이상 그들의 주장을 개입시키거나 염두에 두지 않고 구약성서의 구원론을 성서적 관점에서만 살피려고 한다.

구약성서의 주어는 하나님으로 시작한다. 그리고 그 하나님이 창조하신 이 세상에서 하나님의 대리인 자격을 부여받은 존재는 인간이다. 인류의 역사는 한 마디로 주어이신 하나님과 그 대리인인 인간이 만들어가는 역사인 것이다. 하나님은 세상을 만들어 놓으시고 인류에게 세상의 관리를 위임하셨다. 위임받은 인류는 하나님이 정해놓으신 질서와 원칙에 합당하게 이 세상을 관리하는 책임을 지고 있다. 인류가 이 책임을 회피한다면 결국 이 세상 질서는 깨어질 것이고 그렇게 깨어진 세상을 유지하기 위해서는 하나님의 강제적 개입이 불가피해지는 것이다.

구약성서의 구원론을 말하는데 있어서도 하나님은 주체시요 구원 받을 대상인 인류는 객체이다. 인류의 구원을 위해 하나님은 주도적인 위치에 계시며 인류는 그것을 받아들이거나 거부할 위치에 있다. 인류가 구원을 받기 위해서는 하나님이 준비해 놓으신 것을 받아들이거나 거부하면 된다. 그런 의미에서 하나님의 구원을 각 사람의 것으로 소유하기 위해서는 각 사람 측의 책임 있는 결단이 요구되는 것이다. 이것이 그런 것인지 아닌 지는 구약성서의 각 페이지를 살펴보면 분명해 진다.

아담과 하와는 선악과를 먹지 말라는 질서를 지키는 가운데 에덴동산에서 평화로운 삶을 누릴 수 있었다. 그러나 최초의 인류는 그것을 어김으로써 에덴에서 쫓겨나게 되었다. 인류의 죄악이 관영해지고 하나님이 세상에 사람 지으신 것을 후회하고 이를 원점으로 되돌리기 위해 대홍수를 내려 모든 생명을 쓸어버리시기로 작정하셨을 때 유일하게 부름을 받은 노아의 경우도 방주를 지으라는 하나님의 분부를 거역할 수도 있었고 순종할 수도 있는 처지에 있었다. 그러나 그는 하나님의 분부를 수용함으로써 지상에 인류와 생명체들을 보존하는데 기여하게 되었다. 75세나 된 아브라함을 불러 새로운 땅과 자손을 줄테니 본토, 친척, 아비 집을 떠나라는 하나님의 분부와 약속도 만일 아브라함이 거역하고 외면했다면 새로운 역사는 발생하지 않았을 것이다. 하나님의 약속이 이루어질 것을 믿고 따라 나선 아브라함의 결단을 두고 하나님은 그것을 옳게 보셨다고 성서는 기록하고 있다(창 15:6).

출애굽의 구원 사건 역시 동일한 관점에서 이해된다. 하나님이 모세를 불러 놀라운 재앙 10가지를 바로 앞에서 보여주고 애굽에서 떠나자고 강제노동에서 신음하는 백성들을 설득했을 때 만일 이것을 받아들이지 않고 애굽에 남아있기로 작정한 사람들이 있었다면 그들에게 구원이란 발생하지 않는다. 홍해를 건너는 사건도 마찬가지다. 광야에서 만나와 메추라기로 먹이실 때도 이와 같은 사실을 믿지 않거나 거부하고 만나와 메추라기를 줍기 위해 진 밖을 나서지 않는 사람이 있었다면 그는 당연히 매일의 식사를 해결할 수 없었을 것이 틀림없다.

구약성서에서 하나님은 언제나 이렇게 은혜로운 구원을 베푸시기 위해 불철주야 노력하신다. 이것을 받아들이거나 거부하는 것은 전적으로 인간의 결단 여부에 달려 있다. 하나님의 구원은 그것을 거부하는 인간에게 강제적인 수단과 방법을 동원하여 수여하신 적이 없다. 하나님은 언제나 궁극적으로 인간의 책임 있는 응답을 기다리시고 자신이 약속하신 것을 반드시 지키신다. 이만큼 하나님의 주권과 인간의 책임은 분명하게 나뉘어 진다.

여리고 성을 무너뜨릴 때도 이스라엘 백성의 순종여부를 파악하신 후에야 비로소 성을 파괴시키는 놀라운 일을 감행하신다. 이보다 훨씬 미약한 아이 성을 정복할 경우에는 반대로 이스라엘 백성이 불순종하였기 때문에 하나님은 전혀 행동하지 않으셨고 그 결과 이스라엘의 실패를 방관하신 것이다.

하나님의 선물은 그것이 무엇이 되었든지--구원이든 축복이든 생명이든 회복이든--인간(혹은 공동체)이 그것을 받을만한 정당한 조건을 갖추었을 때 수여하신다. 이만큼 하나님의 절대적 주권에도 불구하고 하나님은 인간 측의 성실하고 변함없는 믿음에서 우러나온 인격적 응답을 기다리신다. 그러나 기대 이하로 인간의 반응이 불성실하고 실망스럽다면 하나님은 차라리 인간의 불행이나 실패를 방관하실 수밖에 없다.

구약성서는 하나님의 절대적인 주권을 내세우고 그것을 강조하지만 그와 마찬가지로 인간 측의 책임 있는 결단을 요구한다. 만일 누군가가 하나님의 구원의 선물을 받지 못하는 불행을 겪고 있다면 그것은 하나님의 구원 능력이 부족해서가 아니라 당사자가 그것을 받아들이지 못해서거나 그것을 아예 거부하였기 때문인 것이다.

그리스도인은 예수 그리스도라는 하나님의 헤아릴 수 없이 놀라운 구원과 은혜를 선물로 받아들이기로 결단한 사람들이다. 이것을 길이 간직하기 위해서 그리스도인들은 더욱 하나님의 은혜로운 삶의 원칙에 머물기를 힘써야 한다. 그것을 소홀히 여긴다면 그 누구라도 이 귀중한 은혜의 울타리에서 축출당하는 징계와 불행을 겪게 될지 모른다. 그래서 깨어있어야 한다.

51. 반석이요 피난처이신 하나님

하나님의 정의를 외치며 또 정의를 위해 살라는 가르침은 자칫 누군가에게 폭력이나 물리적 힘을 행사하라는 인상을 준다. 하나님의 정의는 결코 그리 단순하게 성취 되는 것이 아니다. 하나님의 정의를 구하는 일은 궁극적으로 보다 많은 생명을 살리는 데 목적이 있음을 기억해야 한다. 극소수가 대다수를 억압할 경우, 가진 자가 없는 자의 자유와 존엄한 생존 권리를 끝없이 갈취하고 파괴할 경우, 그래서 수많은 생명들이 신음하고 꺾이기 일보직전이라면 힘의 행사가 불가피하고 또 그런 상황이 된다면 누군가 그렇게 하라고 말하지 않아도 자연히 사람들은 저항하는 행동을 하지 않을 수 없게 된다. 하지만 성서의 하나님과 정의를 말하는 일은 여기에만 국한된 것이 아니다.

하나님이 출애굽한 이스라엘을 인도하신 약속의 땅은 팔레스틴의 산간지대였다. 그곳은 어디나 울퉁불퉁한 바위로 가득한 곳이었다. 전통적으로 이곳은 애굽 제국과 가나안 도시국가의 엘리트 지배세력에 의해 압제받던 사람들의 피난처였다. 왜냐하면 이곳에서는 평지에서 막강한 위력을 행사하던 애굽의 군사력과 가나안 도시국가 군주들의 전쟁무기인 병거(말이 끄는 전쟁 수레)와 합성된 활(화살을 멀리 그리고 정확히 쏠 수 있도록 나무와 상아 혹은 짐승 뼈를 잇대어 만든 활)을 효과적으로 무력화시킬 수 있는 곳이었기 때문이다. 인구의 2%밖에 되지 않는 고대 농경사회의 군주들은 이런 무기로 평지에서 대다수 백성들에게 지배력을 행사하였지만 산간지대에 정착한 이스라엘에게는 이것이 쓸모없었다. 그런 의미에서 이스라엘의 하나님은 종종 "반석(바위)"이라고 불렸던 것이다. 고대 이스라엘이 압제자들로부터 안전하게 벗어날 수 있는 곳을 산간지대의 바위 사이에서 찾았듯이 그들은 궁극적인 안전을 여호와 하나님에게서 찾았다는 뜻이다. 거꾸로 말한다면 하나님은 압제받고 눌린 사람들이 피할 곳이요 안전을 보장해주시는 분이다. 이것이 하나님의 정의가 내포하는 또 다른 측면이다.

도피성 제도를 언급하는 성서본문들(출 21:12-14; 민 35:9-34; 신 19:1-13; 수 20:1-9)은 법적 절차를 통해 살인자로 여겨지는 자와 실제적인 살인자를 가려낼 때까지 보복을 일시로 억제하는 장치였다. 특히 이 법은 "객"(이방인과 방랑자)을 보호하는데 역점을 두고 있다. 이 경우도 법은 악용될 소지가 다분한데 그런 일을 자행하는 주범은 힘없는 이방인이나 방랑자보다는, 힘을 마음대로 행사할 위치에 있는 국가 권력이라는 사실을 발견할 수 있다. 대표적인 실례로 솔로몬 왕은 라이벌이던 아도니야 왕자를 지지하던 요압장군이 성소로 도피하여 제단의 뿔을 붙잡고 있을 때 그런 사람을 살려두라는 도피성 법을 정면으로 위반하고 성소 안으로 난입하여 그를 죽인 사건을 들 수 있다(왕상 1-2장).

이렇게 성서는 언제나 힘없고 가난한 자 그래서 박해를 받고 압제를 당하는 자를 보호하시는 하나님을 언급한다. 그런 하나님은 약자에게 언제나 피난처 되시고 피할 바위가 되시고 성소가 되어주신다. 시편 18편 2절에 "여호와는 나의 반석이시요 나의 요새시요 나를 건지시는 자시요 나의 하나님이시요 나의 피할 바위이시요 나의 방패시요 나의 구원의 뿔이시요 나의 산성이시로다"란 노래가 의미하는 바가 여기에 있다.

성서의 하나님이 그렇듯이 기독교의 신앙공동체는 약자의 보호에 관심을 기울여야 마땅하다. 그것이 하나님의 정의를 이루는 또 다른 길이다. 교회는 "고아와 과부와 레위인과 객"으로 표현되는 온갖 종류의 정치적 경제적 사회적 "약자"들(여기에는 제 3세계 외국인 근로자, 탈북자, 무의탁 노인 등등 헤아릴 수 없이 많은 종류의 약자들이 포함된다)이 피할 도피처가 되어야 하고 보호하는 반석이 되어야 하고 안전을 제공하는 성소가 되어 주어야 한다. 교회가 만일 힘 있고 가진 자들에게만 기대어 그들의 편이 된 채로 사회의 밑바닥에 있는 약자를 위한 피난처와 반석이 되어 주지 못한다면 이 세상에서 하나님의 질서를 뜻하는 정의를 펼치고 세워가는 지상 사명을 받은 교회로서의 존재 의미를 상실하고 만다. 하나님의 정의는 사람들이 제도적으로 관념적으로 문화적으로 만들어놓은 각종 압제 장치와 압제행위로부터 모든 사람들을 궁극적으로 자유하게 하며 그래서 본래적으로 아름다운 생명을 구가하는 일을 지향한다. 신앙인과 신앙공동체는 마땅히 여기에 마음의 목표를 두어야 한다.

52. 정의의 예언자가 필요한 시대

지난주에 침례신학대학교에서는 제 37차 한국기독교학회가 열렸다. 주제는 "한국교회의 위기와 신학적 답변"이었다. 이 문제를 두고 여러 학회에서 다양한 관점의 토론이 전개되었지만 어느 것 하나 만족스럽지 못하다는 느낌을 지울 수 없었다. 이유는 어느 토론자도 우리 사회와 교회에 "정의"가 서 있지 못하다는 견해를 들을 수 없었기 때문이었다. 신학자들마저 정의에 대한 불감증으로 마비되고 있다면 정말 큰 일이 아닐 수 없다. 이것이 사실이 아니라 오판이길 바랄뿐이다.

오늘날 한국교회가 처한 위기는 그 무엇보다도 정의를 부르짖는 구약시대의 저 예언자들의 모습이 사라져가고 있기 때문에 생긴 것이다. 우리 교회가 옳은 것을 옳다고 드러내놓고 말하지 못하고 좋은 것이 좋다고 말하면서 내부의 비리와 부정부패를 모르는 듯 묵과해야 하는 상황들이 발생하는 것은 어째서 그런 것일까? 이 사회에 올바른 하나님의 진리를 드높이 내세워야 할 교회가 이런 형편이라면 우리 사회를 선도할 교회의 책임은 더 이상 감당할 수 없는 과제로 머문다. 이런 맥락에서 다시 한 번 예언자에 대한 구약적 가르침을 함께 깊이 생각해보려고 한다.

예언자가 하나님의 말씀을 대언하는 사람이라는 것을 모르는 사람은 없을 것이다. 하나님의 말씀을 대신 전하기에 그의 권위가 대단하고 신성하다는 것은 상식이다. 하지만 어떤 사람이 한 말이 정말로 하나님께서 주신 말씀인지 아닌지를 분간할 표준은 그렇게 자명하지 않다. 아무라도 자신의 말이 곧 하나님이 주신 말씀이라고 위장할 가능성은 얼마든지 존재하기 때문이고(왕상 13장), 목회자가 하나님의 음성이나 계시를 포착하는 일조차 사실은 꽤나 꼼꼼하고 정밀한 파악능력 여하에 따라 달라질 수 있기 때문이다. 이를테면 모세는 하나님과 대면하여 말씀을 나누었지만 아론과 미리암은 꿈이나 환상을 통해서 계시에 접근할 수 있을 정도로 계시의 파악 능력은 서로 달랐고 예언자들 사회 안에서도 그 권위 또한 엄정한 위계질서가 있었다(민 12장). 그래서 신명기 18장은 어떤 예언자가 하나님의 이름으로 말한 뒤에 증험도 없고 성취함도 없으면 그는 하나님이 말씀하신 것이 아닌 줄 알고 그를 두려워하지 말라고 말하면서 예언자의 신뢰도를 간파하는 지혜를 가르치기도 한다.

그래서 그런 것인지 모르지만 사실 구약시대 예언자는 그가 사회에 첫 발을 드러내자마자 자동적으로 신망을 받지는 못한 것이 사실이다. 오히려 하나님의 말씀을 전할 때면 대체로 멸시와 핍박 그리고 배척을 받는 일이 더 많았던 것 같다. 왜냐하면 그 사회가 하나님의 진리의 말씀을 감당하기가 어려울 정도로 부패하고 타락했기 때문이다. 또 타락하고 부패한 사회가 아니었다면 하나님이 예언자를 통해 개입하실 필요도 없었을 것이다. 그리고 하나님의 말씀이 임한 사회라면 그 사회가 얼마나 하나님의 기준에서 멀리 벗어난 사회였는지 알 수 있지 않겠는가? 바알 선지자를 우대한 북 왕국의 아합 왕이 하나님의 사람 엘리야를 향해 "이스라엘을 괴롭게 하는 자"(왕상 18:17)라고 비난한 사실을 기억해보라.

따라서 예언자가 등장하여 진리의 말씀을 전한다면 그 당시로는 환영받거나 존경받지 못했다고 보아야 한다. 오늘날, 올바로 살기 보다는 경제적으로 잘 살기를 바라는 마음이 팽배한 사회 현실 속에서 교회의 강단설교가 진리와 정의에 초점을 두고 선포된다면 이를 교인들 중 과연 몇 퍼센트나 마음 깊이 환영할 수 있을까? 한 마디로 예언자의 권위는 그 자리에서 즉시 인정받지 못한다. 오히려 예언자들의 권위는 사후에 그의 말이 사실로 입증되었을 때야 비로소 확립된다. 따라서 예언자들은 생전에는 수난을 당할 각오를 하지 않으면 안 된다. 예수님도 이런 처지에서 수난을 받으셨다. 성서 속 예언자나 예수님이 이 정도이니 오늘날 우리에게라면 무엇을 더 요구하고 무엇을 더 책망하겠는가?

교회는 하나님의 진리를 선포해야 한다. 그것은 하나님이 바라시는 정의의 기준에 부합되는 진실어린 말씀이어야 한다. 진실과 정의는 불의한 삶을 살아온 사람들 개개인에게 아픔과 상처 그리고 불행을 초래할 수도 있다. 그럼에도 불구하고 진실과 정의가 세워지지 않는다면 우리 교회는 이 사회와 시대를 선도할 하나님의 거룩한 사명을 감당하기 어렵다. 시대적 사명을 감당하기 위해서 오늘 우리 교회는 무엇보다도 정의의 예언자가 필요한 시대이다. 예언자라는 직책이 버겁다면 차라리 정의로운 마음과 삶으로 무장한 신앙인이 필요한 시대이다. 신앙공동체 안에서 악과 불법이 판을 치는 현실을 더 이상 묵과하고만 있을 수 없기 때문이다. 의연히 나선다면 수난과 핍박을 감수해야 한다. 우리 가운데 이런 용기 있는 사람, 진리를 위해 희생을 각오한 예언자 같은 신앙인이 어디 없을까?

53. 권력과 부와 명예

필자가 예언서를 전공한데는 그럴만한 사정이 있어서였다. 신학대학원 졸업 후 전도사 시절에 한 주간 동안 새벽기도회에서 이사야서 본문을 설교해야 하는 과제가 주어진 적이 있었다. 펼쳐본 본문들은 어느 한 구절 한 단락도 낯이 익지 않아 생소하고 어려웠다. 어디에서 시작하고 어디에서 끝나는지 무슨 상황인지 또 무슨 의미인지 전혀 파악할 수 없었다. 그것을 어떻게 예수 신앙과 연관 지을 수 있는지도 알 도리가 없었다. 관련된 구약성서 개론서나 주석서적을 펼쳐보아도 전혀 마음에 와 닿지 않았다. 그럼에도 불구하고 행해진 설교에 교인들은 은혜를 받았다며 행복한 표정이었다. 필자도 이해하지 못한 본문의 설교에 은혜를 받는 성도를 보는 일은 무척이나 당혹스러웠다. 그래서 공부를 시작했다.

예언서를 공부할 때 필자의 가슴에 가장 와 닿게 만든 것은 고대 이스라엘 사회가 어떻게 돌아가는지를 배울 때였다. 그리고 그 사회가 필자가 속한 한국 사회와 그리 다르지 않은 방식으로 돌아가고 그 안의 사람들 역시 우리와 크게 다를 바 없는 사람들이었다는 사실을 깨닫고는 비로소 하나님의 마음과 예언자의 삶 그리고 그들이 전한 메시지를 손쉽고도 깊이 있게 이해할 수 있게 되었다.

그 가운데서 가장 인상적인 것은 옛 사람들도 오늘날과 마찬가지로 권력과 부와 명예를 추구하며 살았다는 대목이다. 여기에 이의를 제기할 사람은 없을 것이다. 우리는 이 과정에서 신앙이 개개인에게 형식논리에 그치고 실질적인 영향력을 행사하지 못하는 경향성을 발견할 수 있다. 그런데 예언자들은 사람들의 바로 이런 내면적 경향성을 공개하고 질타하는 하늘의 음성을 전해주었다는 것이다. 아모스와 호세아는 바로 이런 측면을 선포한 예언자들이었다.

주전 8세기에 등장한 예언자들 가운데 아모스는 정의를, 호세아는 사랑을 외친 예언자라고 이해하는 것이 상식이다. 그러나 면밀히 말한다면 두 예언자는 하나같이 사랑을 말하고 하나같이 정의를 요구한다. 두 예언자는 하나의 진리를 말하는 방식을 서로 달리 취했을 뿐이다. 아모스는 당시 북 왕국 사회의 엘리트 지배층에게 정치 경제적 억압을 그치라는 차원에서, 호세아는 역시 동일한 지배계층에게 백성들에게 행복과 안녕을 선사하지 못하는 정치적 결단이란 궁극적으로 진실한 사랑을 내팽개치고 음란한 행위를 하는 것과 다를 바 없다는 방식으로 정의를 선포했던 것이다. 그런데 두 예언자가 활동했던 당시의 엘리트 지배층의 문제는 다름 아니라 권력과 부를 축적하고 그에 합당한 명예를 지속시키려는 욕망에 사로잡혀서 합리적인 지성을 발휘하여 올바르고 건강한 신앙을 펼치지 못했다는 데 있다. 특별히 호세아의 선포는 고멜이라고 부르는 여인의 음란한 행태를 중심으로 이 문제를 생동감 있게 전하고 있다.

호세아서 1-3장에는 호세아와 음란한 여인 고멜 이야기가 기술되어 있다. 아내 고멜은 그의 본래적인 방탕함 때문에 남편 아닌 다른 남성을 향한 정욕을 주체하지 못한다. 예나 지금이나 그런 행동이 발각된 여인에게 가해지는 사회적 판단과 형벌은 엄중하다. 고멜은 수치스럽게도 발가벗긴 채로 매를 맞고 광야로 쫓겨난다. 아내에게 요구되는 지당한 도리와 정조를 헌신짝처럼 저버린 행위에 대한 마땅한 처사로 여기고 그가 당한 형벌과 고통에 대하여 일말의 동정심도 갖지 않는 청중에게 호세아는 은연중 이렇게 말한다.

지도자들이여 너희가 바로 이런 존재요 이런 행위를 여호와 하나님 앞에 자행한 사실을 못 깨닫는가? 어찌하여 지도자들이 마땅히 해야 할 도리를 저버렸는가? 너희의 도리는 백성들의 안녕과 행복이 아니던가? 그럼에도 불구하고 백성들을 혹사해서 갈취한 것으로 강대국과 무역하거나 외교관계를 위해 갖다 바치고 그 대가로 너희의 권력과 부와 명예를 지속하는 작태가 과연 묵과될 줄 알았는가? 고멜의 음란한 행위란 바로 너희가 자행한 것을 은유한 것이다!

한번 권력에 맛들인 사람은 그 맛에서 벗어날 줄 모른다고들 한다. 그런 사람에게 예수 신앙은 도대체 무슨 쓸모가 있겠는가? 예수는 하나님으로서 누릴 자기 권력과 명예를 포기한 전형적 모범이다. 그 분을 신앙한다는 사람들이 그토록 권력과 부와 명예에 장님이 되어가는 현실에 놀라지 않을 수 없다. 더구나 높은 지위에 올라가서 사용할 수 있는 그 많은 힘으로 신앙적 가르침에 충실하지 않는 행태를 보여주는 것 또한 놀랄 일이다.

신앙이란 자기에게 주어진 힘을 오로지 남을 섬기기 위해 사용하도록 만들어주는 삶의 자세이다. 힘없는 낮은 이에게 하나님은 위로하시고 치유하셔서 삶의 힘을 회복시켜 주시지만 힘 있는 높은 이에게 하나님은 엄격한 잣대를 들이대면서 그 힘을 올바로 정확히 사용할 것을 요구하신다. 만일 그 힘을 자기 욕망 채우는 일에 사용할 경우 그 결과는 명약관화하다. 하나님의 지엄한 판단만이 기다릴 것이다. 그래서 힘 가진 이들이여! 삼가고 조심하라. 오직 신앙원리에 충실하게 사용하고 있는지 순간마다 돌아보라.

54. 영감을 불어넣는 지도자

구약성서를 공부하는데 있어서 학계에서는 아주 보편적이지만 일반 평신도 혹은 과거에 공부한 목회자들에게는 아주 생소하고 낯선 이론이 많다. 그 중의 하나가 주전 7세기 말엽 남 유다의 왕 요시야의 개혁과 관련이 있는 신명기역사 이론이다. '신명기역사'라는 말은 오경의 다섯 번째 성서인 신명기의 신학사상에 비추어 이어지는 이스라엘의 역사서(히브리 성서로는 전기예언서로 분류) 네 권, 즉 여호수아서, 사사기, 사무엘상하서, 열왕기상하서가 기록되었다고 보는데서 유래한 말이다. 학계는 이 역사서가 기록된 시기를 요시야 왕이 추진하는 개혁을 성사하기 위해 당대의 왕실에서 작성했다고들 말한다. 이 이론에 따르면 위의 네 권의 역사서는 이스라엘이 가나안 땅에 정착한 때로부터 시작하여 나라를 세우고 살다가 분열한 후 남북 왕국이 각각 패망하고 남 유다의 포로들이 바벨론 포로생활을 하던 때까지를 담고 있다. 이 내용의 대부분은 남 유다의 요시야 왕 시절에 작성되었고 극히 일부분만이 포로시절에 추가 작성되었다고 본다.

시간적으로 주전 1200년경부터 561년까지 거의 700년 가까운 긴 시간을 기록하고 있는 이 역사서의 저자(들)에 의해 가장 이상적인 지도자로 손꼽히는 사람이 있다. 그는 땅을 점령하고 분배한 공로를 세운 모세의 후계자 여호수아도 아니고 300명 용사로 미디안 10만 군대를 물리친 기드온도 아니다. 삼손도 아니며 사무엘도 아니고 위대한 성군 다윗이나 거룩한 성전을 지은 지혜의 대명사 솔로몬도 아니다. 기도하여 자기 병도 고치고 예루살렘도 지킨 히스기야 왕도 아니다. 그는 다름 아닌 요시야 왕이다. 성서는 그를 "마음을 다하며 뜻을 다하며 힘을 다하여 모세의 모든 율법을 따라 여호와께로 돌이킨 왕은 요시야 전에도 없었고 후에도 그와 같은 자가 없었더라"(왕하 23:25)고 극찬하고 있다. 무엇이 그를 이토록 극찬하게 만들었을까?

요시야 왕이 즉위하던 때는 부친 아몬을 살해한 왕실 쿠데타 세력을 "국민"(직역, "땅의 백성들")이 다시 물리친 어수선한 때였다. 이 때 그의 나이는 겨우 8살이었다. 그리고 26살의 늠름한 청년의 나이에 이르러 그는 대대적인 신앙 개혁을 추진하였다. 성전을 수리하다가 발견한 율법 책을 읽고 깊은 감동을 받았기 때문이었다(왕하 22:8-23:3). 그는 예루살렘 성전과 수도에 세워진 온갖 이방신상을 파괴하고 온 나라에 퍼져 있는 지방 산당을 폐지하고 오직 예루살렘에서만 여호와를 예배하라고 주문하였다. 그리고 이미 앗수르의 지방으로 편입된 예전의 북 왕국 영토에 올라가 벧엘에 세워진 제단을 훼파하고 돌아와 온 백성과 함께 유월절 절기를 성대하게 준수하였다. 그가 이처럼 여호와 예배의 순수성 회복과 중앙화를 도모하는 등의 파격적인 개혁을 하게 된 이면에는 강대국 앗수르의 간섭을 받은 지 100년이 넘은 시점이었다. 온 나라는 앗수르 제국의 영향을 받지 않은 것이 없었다. 정치, 경제, 문화, 종교, 사회, 언어 등등. 그런데 그 막강한 제국이 쇠퇴하는 조짐을 보았고 요시야 왕은 이를 절호의 기회로 삼았던 것이다. 그의 신앙개혁은 다른 말로 표현한다면 앗수르 제국의 문화식민주의 정책에 익숙해서 사대주의 정신으로 세뇌된 온 백성의 정신을 개혁하고 민족 자주정신을 모든 삶의 영역에서 일깨우며 다시 세우는 일이었다. 어쩌면 그것은 의식 있는 지성인들에게는 오랜 숙원사업이었을 것이다. 요시야의 증조부인 히스기야 왕도 비슷한 개혁을 추진했지만 완벽하지도 못했고 성공적이지도 못했다(왕하 18-20장). 오히려 미가와 같은 선지자에게 혹독한 비난을 받기까지 했다. 그러나 요시야는 그렇지 않았다. 그의 개혁은 율법 책에 입각한 개혁이었기에 더욱 강력한 추진력을 갖고 있었다. 39세의 젊은 나이로 애굽과 벌인 전투에서 요절하기까지 그가 보여준 지도자로서의 행보는 오늘 우리들에게 시사하는 바가 크다.

그가 보여준 이상적 지도자의 면모 중에서 가장 인상적인 측면은 온 백성들에게 영감을 불어넣어준 일이었다. 그는 율법 책이 가르치는 내용에 온전히 몰두했으며 그것이 가르치는 대로 실행에 옮기려 했다. 그는 자신의 개혁 취지와 목적을 담은 긴 역사서 즉 '신명기역사서'를 기록하게 하여 온 백성을 교화하고 자기의 뜻에 굴복하지 않는 국내의 반대세력을 집요하고도 권위 있게 설득하려고 했다. 그래서 그는 앗수르에게 점령당한 북 왕국의 땅은 그 옛날 여호수아 장군에 의해 이스라엘에게 주신 하나님의 선물이라는 사상을 고취시켰다. 그것이 여호수아서이다. 지파별로 누구든 하나님의 신이 임하는 카리스마를 입증할 수만 있다면 온 이스라엘의 지도자가 될 수 있다는 생각을 토대로 진행된 역사는 사사기인데 이 책의 주제는 사사들의 지도력은 일시적이며 한계가 있다는 점을 밝힌다. 결국 사무엘서와 열왕기는 다윗 왕가의 지도력이 모세의 율법을 충실히 준행하기만 한다면 가장 이상적인 지도자라는 사실을 강조하며 그 실체가 바로 요시야 왕이란 점을 부각시키고 있는 것이다.

지도자는 모름지기 백성의 침체된 정신을 일깨워주고 마땅히 가져야 할 태도를 고취시키는 일로부터 그 지도력이 발현되기 시작하는 것 같다. 오늘날은 요시야 왕처럼 구성원들의 생각과 가치관에 하나님의 말씀에 입각하여 창의적 영감을 불어넣어주는 지도자가 무척 희귀한 것 같다. 한국의 침례교회에 이와 같은 영적 지도자가 많이 나왔으면 하는 마음이 간절하다. 그러기 위해서 먼저 성서탐구에 깊이 몰두하는 인재들이 요청된다.

55. 가계에 흐르는 저주?

언젠가부터 기독교계에 가계에 흐르는 저주를 씻는 내적 치유상담 사역이 유행하고 있는 것을 본다. 그들의 주장에 의하면 현재의 목회 사역이나 기독교인의 사업이나 가정사가 순탄하지 못한 까닭이 조상 시절에 미신이나 우상숭배를 했기 때문이라고 진단하고 이를 축귀의식을 통해 제거하면 그 저주에서 풀려 만사형통할 수 있다고 한다. 그 효능여부에 대해서는 차치하고 이런 가르침과 사역이 통용되는 배후에는 세계의 몇몇 유명 인사들에 대한 가계통계와 구약성서의 가르침이 자리 잡고 있다. 그러나 구약성서에 관한 한 그것은 명백히 성서를 잘못 해석한 것이다.

이들은 출애굽기 20장에서 언급하는 십계명의 둘째 계명이 "나를 미워하는 자의 죄를 갚되 아비로부터 아들에게도 삼사 대까지 이르게 한다"는 말씀을 근거로 삼고 있다고 한다. 그러나 그 구절은 고대 이스라엘의 주거문화를 잘못 이해한 때문이다. 고대 이스라엘 사람들은 한 집에 삼사 세대(조부 혹은 증조부부터 자신까지)가 함께 어울려 살았었다. 따라서 이 말씀은 가장이 지은 죄에 대해 방관하거나 묵인한 책임을 공동으로 묻는 경우에 해당한다. 참되신 하나님이 한 세대에 지은 죄를 삼사 대에 이르도록 죄를 묻기 위해 노심초사 경계를 게을리 하지 않고 죄인의 후손을 찾아 징계를 하려고 한다면 이 얼마나 어울리지 않는 하나님의 모습이겠는가? 또 여호수아 7장에서 아이 성 정복에 실패한 이유로 아간이 지은 죄를 지목하고 그의 온 집안 식구들이 함께 처벌을 받은 예를 거론하기도 한다. 이 역시 공동책임을 물으신 극단적 예에 불과하다. 여호수아서는 땅 정복의 관건이 오로지 하나님의 말씀에 대한 철저한 순종이란 진리를 강조하고 있다.

이와는 달리 에스겔서 18장에서는 전혀 다른 말씀을 증거하고 있다. 유다가 멸망한 이후 포로로 사로잡혀 간 후손들은 자신의 처지가 조상들의 잘못 때문이라고 그 책임을 전가하는 풍조가 만연했다. 그래서 "아비가 신 포도를 먹었으므로 아들의 이가 시다"는 유행어를 퍼뜨렸다. 이에 대해 선지자 에스겔은 오직 범죄한 사람만이 그에 합당한 처벌을 받는 것이라고 단정적으로 교훈했다. 다시 말해서 포로로 사로잡힌 까닭은 그 세대가 하나님께 범죄하였기 때문이지 조상들의 과오가 아니라는 뜻이다.

100여 년 전 이 땅에 기독교가 전래되기 이전에 살았던 우리 조상들은 성서적 기준으로 말한다면 모두가 하나 같이 우상숭배한 사람들이라고 해야 한다. 그렇다면 한국 사람들은 모두가 하나님의 저주 대상이어야 마땅하고, 현재 기독교를 받아들인 사람들이라도 조상 탓에 목회도 안 되고 사업이나 가정사가 험난해야 마땅하다. 그러나 현실은 그렇게 맞아 떨어지지 않고 있다는 것이 사실이지 않은가? 그러므로 가계에 흐르는 저주가 있다는 주장을 내세워 축귀의식이 깃든 요란한 기도회나 정화의식을 거행하는 것은 논리적으로 전혀 맞지 않는 것이다.

가계의 통계론에 입각한 주장도 문제가 없는 것이 아니다. 저 유명한 케네디 가문에서 벌어지고 있는 일들(젊은 나이에 요절하는 인물이 많다)도

알고 보면 각 사람이 죽음에 이를만한 정황이 발생했던 것뿐이다. 도둑의 집안에서 목사가 나오거나 목사의 집안에서 깡패가 나오는 일은 언제나 일어날 수 있다. 사람은 저마다 자신의 운명을 스스로 결정하는 존재이며 그 과정에서 대체로 후천적으로 가정이나 주변인의 영향을 받기 쉽다. 어떤 사람은 부모의 영향을 받을 수도 있고 혹은 좋은 친구나 스승 혹은 훌륭한 서적의 감화를 받을 수도 있다. 따라서 가계의 혈통에 흐르는 어떤 경향이 그 사람의 운명을 좌우하는 것도 아니라고 말해야 옳다. 의사나 변호사 집안의 자녀가 동일한 직업을 선택하는 경우도 부모나 가정의 분위기에 영향을 받는 경향이 훨씬 강하다. 반대로 열악한 환경에서 자란 사람들이 장성하여 유사한 방식으로 인생을 헛되게 사는 경우도 결국은 스스로 운명을 그렇게 비천하고 불행하게 살도록 자신을 방치했기 때문인 것이다. 개척교회의 목회가 그리 쉽지 않은 것은 모두가 아는 사실이다. 교회를 개척하여 쉽게 부흥시키거나 손쉽게 단시일에 성장시킬 수 있는 일이었다면 너도나도 개척교회를 시작했을 것이다. 성장이 잘 안 되는 교회가 있다면 그것은 목회자 혹은 목회의 환경에 그럴만한 나름대로의 이유를 안고 있다고 보는 것이 합리적일 것이다. 다시 말해서 귀신의 방해가 아니라는 것이다.

무지하게도 불필요하고 소모적이며 어리석은 축귀의식에 의지하여 운명을 이겨보거나 탈피하려는 안타까운 심정은 충분히 이해하지만 그것은 결코 성서적인 방식이 아닌 것을 깨달았으면 좋겠다. 하늘은 스스로 돕는 자를 돕는다. 하나님은 사람들이 이 세상에서 번창하고 행복하게 살아갈 대원칙과 질서를 세워두셨다. 믿는 사람은 이 원리를 깨달아 자기 앞에 주어진 과업을 성실하고 묵묵히 인내하며 수행하는 사람들이다. 엄정하고 명확한 진리에 입각하여 살아갈 그리스도의 교회와 교인들이 위의 어설픈 귀신론을 내세운 사람들에 의한 불필요하고 부적절한 가르침에 미혹되는 일이 없기를 바란다.

56. 인종 학살 명령의 진실

가나안 땅에 진입하기 직전 이스라엘 백성은 모세로부터 가나안의 일곱 부족을 진멸하라는 하나님의 명령을 듣는다(신명기 7:2). 여호수아가 가나안을 정복할 때 쳐서 멸한 왕들은 도합 31개 도시와 왕들이었다(수 12:7-24). 이와 같은 성서의 명령과 기록은 지나간 세계 역사 속에 기독교가 자행한 숱한 폭력과 살상을 정당화해주는 본문으로 읽혀왔다. 대표적인 실례가 십자군 전쟁 동안 유럽의 기독교 제후들이 팔레스틴 땅에서 남녀노소를 불문하고 벌인 무차별적인 살상이다. 또한 중세부터 근세 이후 유럽의 기독교 국가들이 남미와 아프리카 등지에서 원주민들을 살상한 일도 여기에 해당한다. 오늘날도 기독교인과 기독교 국가는 비기독교 국가를 향해 위의 두 성서본문을 근거로 무자비한 인종차별과 살상이 하나님의 뜻이라고 생각하는 경향이 있는 것 같다.

전쟁이나 미지의 세계를 정복하는 상황이 더 이상 발생할 수 없는 오늘날 기독교인들은 이 본문의 참된 의미를 놓고 많이 혼란스러워하는 것 같다. 과연 이 본문은 우리 기독교인들의 살상을 정당화해주는 것일까? 만일 본문이 작성된 역사적 정황을 조금만 더 잘 이해한다면 기독교인이 저지르는 이와 유사한 폭력은 사전에 방지할 수도 있고 또 기독교 신앙 안에서 얼마든지 소화할 수 있었을 것이다. 위의 선례는 한 마디로 성서본문에 대한 문자적 적용이 가져온 불행한 사태에 속한다고 말할 수 있다.

학계에서는 신명기와 여호수아서 본문의 작성시기가 주전 7세기 말 유다 왕조 요시야 왕 시절이라고 말하고 있다. 이 학설에 따르면 두 본문은 유다 왕 요시야(주전 640-609년)가 오랫동안 간섭과 통제를 해온 강대국 앗수르가 쇠약해진 틈(주전 612년에 멸망)을 타서 민족자주정신을 고취시키기 위한 거국적 개혁 조치를 추진할 목적으로 국민정신을 쇄신하기 위하여 작성한 본문이라고 설명한다.

이에 따르면 신명기에서 말하는 저 가나안의 일곱 부족이란 사실상 앗수르의 제국주의에 물든 사람들을 일컫는다. 그리고 실제로 가나안에 정착한 이래 이스라엘 백성은 가나안의 부족들과 엄밀하게 구분될 수 없는 역사를 갖고 살아왔다. 예를 들어 다윗 왕가의 친위대 안에는 헷(!) 족속의 우리야라는 이름의 장수가 있었고 그보다 먼저 다윗 왕의 최측근이었던 브나야는 블레셋 출신으로 구성된 군대의 통솔을 맡은 적도 있다. 애당초 고대 이스라엘이란 나라는 혈통의 순수성을 주장하기 어려운 집단으로 출발했던 사실도 기억해야 한다. 왜냐하면 출애굽 당시에 모세의 인도를 따라 애굽을 도망 나온 사람들 가운데는 야곱의 후손들뿐만이 아니라 "중다한 잡족"이 섞여 있었기 때문이다(출 12:38). 여호수아 당시에 여리고 성의 원주민 라합과 그의 가족 그리고 기브온 거민들이 이스라엘과 합류한 적도 있었다는 사실 또한 이런 설명에 도움이 될 것이다.

이렇게 혈통의 순수성을 주장할 수 없는 역사를 지닌 고대 이스라엘이 왕조 역사의 후반부인 주전 7세기 말엽에 유다의 요시야 왕이 느닷없이 가나안의 일곱 부족을 진멸하라는 모세의 지엄한 분부와 그것을 그대로 실행에 옮긴 여호수아의 행동이 담긴 두 권의 성서를 편찬하여 읽게 하고 있는 것이다(일부 성서학자들은 어떤 의미에서 이스라엘은 곧 가나안이고 가나안은 곧 이스라엘이라는 견해를 펼치기도 한다). 따라서 이 두 성서의 내용은 앞서 언급한 것처럼 앗수르의 간섭을 배제하려는 의도가 다분하고 그런 정황에 입각해서 이 구절들을 이해한다면 이 말씀들은 유다의 삶과 역사 속에 깊이 파고든 앗수르의 정신문화와 흔적을 철저히 배제하려는 목적을 가진 것으로 볼 수 있다. 만일 이것이 7세기 말 유다 왕조가 주창한 이방세력 배척의 목적을 지닌 것이라면 이 말씀들의 문자적 의미처럼 정말 가나안의 일곱 부족을 색출하여 모조리 죽이고 없애라는 말씀으로 읽을 수는 없는 일이다. 이런 정황은 지나간 우리의 현대사 속에서 반미운동의 구호처럼 읽을 수 있다. 그 당시 "미국은 한국을 떠나라" "미국인들 모두 죽여라"와 같은 극단적 구호가 거리마다 메아리쳤다 해도 실제로 미국인을 한국 사회에서 한 명도 남김없이 제거하는 일은 불가능하다는 것이 명백한 사실이다. 이를 테면 몇 년 전 미선 양과 효선 양을 살해한 주한 미군부대의 탱크 운전병과 이를 옹호한 미군 당국자를 향해 한국인의 분노가 촛불시위로 번진 사실을 상기해보라. 시민들은 미군 부대 당사자들에 대한 불타는 적개심에서 이들을 마땅히 응징해야 한다는 국민적 감정과 의지를 이런 저런 구호와 문구로 표출했었지 않은가? 이런 상황 속에서 미군 병사가 처벌을 받기를 바라는 마음은 정당한 것이다. 그러나 당사자들을 거리에서 처형하려는 것은 아니었을 것이다. 다만 앞으로는 주한 미군이 한국 시민이라면 누구든지 함부로 대하지 않기를 바라는 마음뿐이었을 것이다.

저 신명기와 여호수아서의 말씀들이 가진 원래의 맥락과 작성의도가 바로 이와 유사한 사정에서 나온 것이라면 그 구절을 읽는 우리 신앙인이 폭력을 정당화해서는 안 된다는 것은 지극히 자명한 일이다. 그렇다. 성서의 하나님은 까닭 없이 생명을 해치는 어떤 행위도 정당화하시지 않는다. 아니, 성서에 계시된 하나님은 생명을 그 무엇보다도 소중히 여기시는 분이다. 따라서 기독교의 신앙인들은 앞서 언급한 유사한 성서 구절을 읽고 자구적 의미에 의존해서 신앙의 명분을 내세워 사람에게 폭력을 휘두르거나 살상하는 행위를 정당화하는 일에 그 냉정함과 분별력을 잃어서는 안 될 것이다.

57. 도피성과 교회

구약성서의 율법들은 오늘날 기독교 신앙인의 성서 해석에서 뒷전에 밀려나 있다. 그 까닭은 첫째, 신약성서에서 사도 바울이 제시한 율법 해석 때문이다. 그는 율법이란 구원 얻는 삶을 위해서 오직 죄를 드러나게 하는 기능밖에 없다는 식으로 해석하고 있다(롬 4장과 갈 2-4장을 보라). 둘째로는 율법이 고대 문화에 뿌리를 둔 낡은 것이기 때문에 현대에 적용이 불가능한 것이라고 생각한다. 셋째로는 율법은 예수 그리스도 안에서 완성된 것이기 때문에 더 이상 구속력이 없다고 생각하기 때문인 것 같다.

그러나 예수 그리스도 안에서 구약성서의 율법은 예전과 달리 새로운 의미를 지닌다. 구약의 말씀들은 예수 신앙인의 삶에 직접적으로 와 닿는 가르침을 전달해준다. 게다가 율법은 신앙공동체로 출발한 이스라엘과 하나님이 언약을 맺을 때 그 언약 관계를 유지시키는 조건으로 제시된 내용을 담고 있다는 사실을 또한 잊어서는 안 된다. 이런 맥락에서 본다면 율법은 하나님과 새로운 언약관계를 출발시켜준 예수를 믿는 우리에게도 여전히 유효한 의미를 지닌 하나님의 말씀인 것이다. 따라서 오늘의 교회는 그 가르침을 진지하게 받아들이고 실행해야 할 처지에 있다.

율법 가운데 오늘날 교회의 사명을 일깨워주는 말씀들이 많다. 그중의 하나가 도피성에 관한 내용이다(출 21:12-14; 민 35:9-34; 신 19:1-13;

수 20:1-9). 도피성은 살인자로 오인된 자와 실제 살인자를 공정한 법적 절차를 통해서 분명하게 가려낼 때까지 그를 보호하여 행여 임의로 그에게 가해질 무분별한 피의 보복을 억제하기 위한 일시적 장치로 간주된다. 도피성은 살인 누명을 쓰고 도망 다니는 자의 처지를 보호하는 율법이다. 이 도피성에는 여러 가지 이유로 사회적인 약자의 처지에 놓인 이방인이나 방랑자(히브리어, 게르)가 피신할 경우도 그들을 보호하도록 규정하고 있다는 사실 또한 눈길을 끈다. 대신에 살인자로 판명된 자의 경우는 어떤 경우라도 돈을 지불하고 석방하는 것을 반대하기도 한다(민 35:31-32).

이와 같은 법적 보호 장치에도 불구하고 이를 범하는 당사자가 있다면 그런 경우는 개인보다는 국가권력일 가능성이 높다는 것이 성서의 지적이다. 이를 테면 왕위를 계승하는 과정에서 솔로몬은 왕위 라이벌이었던 아도니야 왕자와 그의 최고 지지자였던 요압 장군이 성소로 도피하였으나 이 율법의 규정을 무시하고 성소를 침범하고 들어가 그들을 죽인 사건을 볼 수 있다.

도피성 법은 힘없는 자와 취약한 자를 보호하는 데 관심이 지대했다는 증거이기도 하다. 이런 정신은 이스라엘 백성이 제국의 압제로부터 도망하여 출애굽한 경험을 바탕으로 삼고 있다. 이는 이스라엘이 팔레스틴 땅에 처음으로 정착한 장소가 중앙의 울퉁불퉁한 산간지대였다는 사실과도 무관하지 않다. 이곳은 전통적으로 가파른 경사면과 바위가 많아 도시국가의 압제를 받던 사람들에게 둘도 없이 좋은 도피처요 은신처였다. 왜냐하면 이곳으로 피하면 병거와 활로 무장한 도시국가의 군대의 추격을 따돌리기가 아주 수월했기 때문이다.

이스라엘이 압제자로부터 안전을 땅의 지형에서 찾은 것처럼 그들은 궁극적인 안전을 하나님에게서 찾았다. 출애굽기 15장의 "바다의 노래"중 모세와 백성들은 특히 13절과 17절에서 이와 같은 산간지대를 박해받는 자들을 위한 하나님의 거룩한 성소(sanctuary)와 동일시한 것으로 볼 수 있다.

애굽에서 한때 "거주하는 이방인"(히브리어, 게르)이었던 이스라엘이 박해를 받자 하나님이 그들을 구원하시고 가나안의 중앙산지로 이주시켜 성소가 되어 주시고 그들의 안전을 지켜주었던 것처럼 훗날 이스라엘 왕조는 그 사회에 가난하고 약하며 상속권을 박탈당한 자들이나 살인자로 오인된 자들이 성소로 도피했을 경우 공정한 법적 절차를 밟기 전까지는 그들의 안전을 보장해주어야 했다.

이런 맥락에서 오늘의 교회는 구약성서에서 언급한 도피성과 같은 기능을 발휘해야 한다고 믿는다. 최근 우리 사회에는 문자 그대로 살인자로 판명나지는 않았지만 여러 가지 사연을 안고 도망 다니는 자가 많은 것 같다. 특히 열악한 나라 안팎의 경제 사정과 맞물려 채무를 지고 그런 처지에 있는 사람들은 부지기수이다. 덧붙여 아예 이방인처럼 거주하며 살아가는 처지에 있는 사람들도 많은 것 같다. 탈북자는 말할 것도 없고 외국인 노동자와 집 없이 거리에서 기거하는 사람도 많고 또 문화적 박해를 받는 동성애자나 성전환수술자도 있다. 누가 이들의 생명과 인권을 안전하게 보호해 줄 수 있겠는가? 필자의 생각에는 교회밖에 없다고 믿는다. 예수 그리스도의 교회가 바로 저들의 도피성이 되어주어야 할 사명이 있다.

58. 예레미야의 새 언약

예레미야 31:31-34에서 예레미야는 여호와께서 이스라엘 집과 유다 집에 새 언약(a new covenant)을 맺을 것을 예언하고 있다. 우리는 그 말씀에 의지해서 구약성서의 시내 산에서 맺은 언약은 낡은 것(the old covenant)으로, 그리고 신약성서의 예수 그리스도를 통한 언약은 새로운 것(the new covenant)으로 이해한다. 과연 그럴까? 예레미야서의 내용이 그런 것을 말하고 있을까?

본문을 자세히 읽어보면 위의 이해는 옳지 않은 것으로 드러난다. 예레미야는 새 언약을 맺어야 하는 이유로 이스라엘 백성이 하나님과 맺은 언약을 깨뜨린 사실을 상기 시킨다 (32절). 이어지는 말씀은 그 날에 하나님이 이스라엘 집과 맺을 언약은 하나님의 법을 그들의 속에 두고 마음에 기록하여 하나님은 그들의 하나님이 되고 그들은 내 백성이 될 것이라고 한다(33절). 33절은 새 언약을 체결하는 내용과 방식 그리고 그 결과를 기술하고 있다. 그런데 이러한 내용과 방식 그리고 결과는 예전에 시내 산에서 맺은 언약의 내용, 방식, 그리고 결과와 크게 다르지가 않다.

시내 산에서 맺은 언약의 내용을 보면 이렇다. 출애굽기 19장을 보면 "너희가 내 말을 잘 듣고 내 언약을 지키면 너희는 모든 민족 중에서 내 소유가 되겠고 너희가 내게 대하여 제사장 나라가 되며 거룩한 백성이 되리라"(5-6절)고 말씀하신다. 다시 말해서 이 언약을 통해 이스라엘은 하나님의 백성이 되고 하나님은 이스라엘의 하나님이 되는 것이다. 다만 예레미야가 말한 새 언약과 이 시내 산 언약이 다른 점이 있다면 그것은 하나님의 법을 기록하는 장소와 방식만이 다를 뿐이다. 새 언약의 말씀은 마음에 새겨질 것이고 시내 산 언약은 돌 판에 새겨졌다는 것이다. 이것을 제외하면 예레미야가 말하는 새 언약이나 시내 산에 체결했던 옛 언약은 동일하다. 다만 이런 차이만을 두고 새 언약과 옛 언약이 다르다고 말할 수 있을까?

옛 언약이나 새 언약이나 언약을 체결하는 궁극적 목적은 동일하다. 그것은 언약을 체결하는 신앙공동체가 하나님의 백성으로 하나님의 백성답게 살아가게 하는 데 있다. 이 목적을 이루는데 있어서 그 성취방식만이 달라진 것뿐이다. 그런 의미에서 새 언약이란 전혀 새로운 언약이라기보다는 옛 언약의 갱신(a renewal of the covenant) 혹은 갱신된 언약(a renewed covenant)라고 말해야 옳다.

왜 이런 논의가 필요하냐고 물을 것이다. 구약의 시내 산 언약을 옛 언약, 낡은 언약, 더 이상 효력을 발휘하지 못하는 언약으로 이해할 경우 구약성서가 가지는 하나님의 일차 계시로서의 기능과 본래적 의미를 곡해할 우려가 있기 때문이다. 사실 예수님이 세우신 피의 언약이란 표현은 신약성서 중 히브리서라는 책 한 권에서만 제공하는 이해의 틀이다. 이와 같은 예수님의 사역에 대한 의미 풀이는 신약성서 27권 중의 단 한권만 제공하고 있을 뿐이다. 마태복음서에서 풀이한 예수님의 사역 이해는 "율법의 폐지"가 아닌 "율법의 완성"(마 5:17)이다. 마태복음서의 예수님은 "율법의 일점일획도 결코 없어지지 아니하고 다 이루리라"(마 5:18)고 공언하고 계신다.

어느 한 권의 성서가 말한다고 전부를 망라하는 것으로 보지도 말 것이며 그렇다고 해서 특정한 성서 한 권의 내용을 전체에 비추어 무시하자는 말도 아니다. 성서는 각 권마다 저마다의 고유한 목소리와 독창적인 목소리를 낸다. 그래서 성서 각권의 음성을 들을 때는 마치 각종 악기가 연주하는 오케스트라가 내는 아름다운 조화 음악으로 들어야 한다. 하나의 소리에 집중하여 나머지가 함께 어울려 내는 소리를 감상하지 못한다면 그것은 자신에게 이득 될 것이 없다. 오케스트라 안에서 하나의 소리는 또 다른 소리에 이모저모로 보완하거나 상승작용을 하듯 성서 각 권도 그렇다.

하나님과 사람 사이에 세우신 언약은 오로지 하나 뿐이다. 시내 산 언약이 진정한 내용이고 이것을 삶으로 완전히 순종하신 분은 온 인류 가운데 오직 예수님뿐이다. 예수님의 삶과 죽음으로 보여주신 사역은 시내 산 언약의 내용을 완성시켰다는 의미에서 예레미야가 예언한 갱신된 언약의 실체가 되는 것이며 우리 사람들이 하나님을 경외할 유일한 길이요 표본이고 가장 모범적인 단 하나의 실례가 되는 것이다. 두 개의 언약을 말하지 말고 오직 하나의 언약을 말해야 하는 이유가 여기에 있다. 하나는 낡았고 하나는 새 것이라고 말하지 않아야 할 이유도 여기에 있다. 구약성서와 신약성서는 우리에게 주신 하나님의 완성된 하나의 계시이다. 어느 쪽도 기준에 못 미치거나 미완성이거나 불완전한 계시라고 말해서는 안 된다. 둘 다 완벽한 하나님의 계시이다. 구약은 역사 속에서 신앙의 실패로 끝난 이스라엘 백성의 선례를 근거로 희망을 전하고 신약은 신앙의 완성을 보여주신 예수와 교회의 삶을 지도하며 새로운 하나님의 역사를 기대한다. 둘은 결코 낡음과 새로움이라는 기준으로 나누지 말고 (예수를 중심으로) 하나인 하나님의 완전한 말씀으로 읽어야 한다. 이것이 신앙인이 성서에 대해 가져야 할 마땅한 태도이다.

59. 에스겔서를 흥미 있게 읽는 방법(1)

여느 독자에게 에스겔서는 그저 방대하기만 하고 첫 단락부터 등장하는 기괴한 모습의 여호와 하나님 환상 묘사와 이어지는 에스겔의 여러 가지 상징적 행동의 보도 그리고 무슨 뜻인지 모를 곡과의 전투 그리고 장황하게 설명되는 성전재건환상에 자칫 흥미를 잃어버리는 수가 많다. 그러나 몇 가지 간단한 안내를 받으면 도합 48장에 이르는 긴 에스겔서를 흥미 있게 읽고 그 의미가 무엇인지 대략 파악할 수가 있다.

우선, 에스겔서가 왜 흥미로운 예언서인지 설명해보자. 에스겔이란 예언자는 본래 예루살렘 성전에서 봉사하던 제사장이었다. 기존의 예언자들이 그토록 신랄하게 비난하던 예루살렘 성전 안에서 사역했던 제사장이었다는 말이다. 다른 예언자들은 성전 밖에서 성전을 바라보고 예언했지만 에스겔만큼은 성전 내부에서 벌어지는 모든 일들을 소상히 체험하고 경험한 사람으로서 이제 예언자로 부름을 받았다. 그런 사람이 예루살렘 성전의 운명에 대하여 하나님께 받은 말씀을 선포하고 있다는 사실은 아주 새로운 관점으로 독자에게 읽혀진다는 의미에서 흥미롭다.

둘째, 에스겔서는 다른 예언서와 달리, 즉 선포된 말씀을 기억에 의존해서 구전을 모아두었다가 기록되기 보다는 처음부터 글로 기록할 목적을 가진 예언서라는 점이 흥미롭다. 다시 말해서 에스겔서는 책다운 특성을 많이 갖고 있다. 그래서 이 예언서를 잘 읽으려면 탄탄하게 짜여 있는 시나리오를 읽듯 해야 한다. 그런 의미에서 독자들은 읽는 중에 저자가 깔아놓은 복선들을 하나도 놓치지 않아야 이 예언서 전체의 의도를 적절하게 간파할 수 있다.

예루살렘 제사장으로 일하던 에스겔은 주전 597년 유다의 여호야긴 왕과 함께 포로로 사로잡혀 바벨론의 그발 강가에 끌려와 산 지 5년째 되던 해에 소명을 받았다. 그에게 잊을 수 없을 만큼 심각한 문제가 된 것은 여호와의 영광이 충만하다고 믿었던 성전이 이방인의 손에 무참하게 짓밟혔다는 사실이었다. 그럴 수 있을까? 하는 강한 의구심에 밤낮으로 잠을 이룰 수 없었을 것이다. 그것은 이스라엘의 전통적인 믿음에 위배되는 현실이었기 때문이다. 예전에는 제사장이 아닌 사람이 법궤에 손을 대는 순간 즉사하는 일까지 벌어졌었다. 그런 지성소의 성물들이 이방인의 손에 의해 아무렇지 않게 다루어졌고, 결코 무너지지 않으리라 믿었던 성전도 파괴되었다. 한 마디로 하늘이 일순간에 무너지고 존재의 기반이 뿌리부터 뽑혀나가는 엄청난 충격을 받았던 것이다. 그럼에도 불구하고 부인할 수 없는 것은 여호와 하나님에 대한 궁극적 신앙이었다. 그 신앙은 에스겔을 이제까지와는 전혀 다른 깨달음으로 이끌었다. 그것이 여호와의 영광이 어디든지 이동할 수 있다는 신앙이었다.

에스겔서의 첫 부분을 장식하는 여호와의 보좌 환상은 바로 이런 깨달음에 대한 첫 번째 복선이다. 하나님은 성전이라 일컬어지는 한 장소에만 머물러 계시는 분이 아니다. 만일 성전이 더러워졌다면 언제든 어디로든 움직일 수 있는 분이 하나님이시다. 이 진리를 담고 있는 것이 여호와 보좌의 이동 환상이다. 혹자들이 이 장면을 두고 하나님의 외모를 오늘날의 달 착륙 우주선이나 외계인의 비행선 정도로 이해하는데 이는 이 보좌 환상 본래의 의도하는 바와는 전혀 상관없는 이해이다. 여호와는 움직이신다. 더러워진 성전을 떠나시지만(10:18) 정화되기만 한다면 다시 돌아올 수 있는 분이다(43:4). 다시 말해서 하나님을 모시거나 떠나게 하는 조건은 오로지 신앙인들이 얼마만큼 하나님의 뜻에 따라 거룩하게 살았느냐에 달려있다는 가르침을 담고 있는 것이다.

에스겔서의 두 번째 복선은 그가 파숫군으로 소명을 받았음에도 불구하고(3:17) 그가 말을 못하는 벙어리 신세로 전락한다는 사실에 있다(3:26). 원래 파숫군이란 외적의 침입을 먼저 발견하고 소리 내어 크게 외쳐야 하는 사명을 지닌 사람이다. 그런 그가 말을 못하게 되다니… 이런 아이러니가 어디 있는가? 그래서 그는 말을 못하고 상징적 행동으로만 하나님의 메시지를 전한다. 상징적 행동들은 모두 12가지다. 이런 구조는 그가 전하려는 메시지가 말이 필요 없을 정도로 너무 명약관화하다는 사실을 강조해준다. 그가 전하려는 메시지란 도성 예루살렘의 멸망과 성전의 파괴이다. 아무도 믿지 못하는 현실, 그것은 너무도 분명해서 말로 표현하지 않아도 다 알 수 있다는 의미를 지닌다. 그리고 이 복선은 그의 벙어리 경험이 풀려서 입이 열리게 되는 때가 예루살렘 함락 소식을 전해들은 순간부터라는 사실로 드러난다(33:21-22).

세 번째 복선은 그를 부를 때 언제나 "인자"(사람의 아들이란 뜻)라고 부른 사실에 감추어져 있다. 이 호칭은 사람이 창조된 만물 중 가장 귀하다는 의미를 전제하고 있다. 사람들 가운데 제사장은 하나님을 가장 가까운 곳에서 모시고 수종을 드는 고귀한 직분을 수행해야 하는 사람이다. 그리고 예루살렘 성전은 세상에 존재하는 만물 가운데 가장 고귀한 장소였다. 에스겔은 만물 중 으뜸 되는 고상한 인간처럼 성전을 대신하는 존재로 이해된다. 그럼에도 불구하고 인간의 목숨이 유한하듯이 성전의 운명역시 유한할 수밖에 없다는 사실을 전하기 위해 "인자"라는 호칭이 사용된 것이다. 이 성전과 견주어지는 오늘날의 교회를 대표하는 존재는 누구일까? 그리고 그곳을 깨끗이 하거나 더럽히는 주체는 또 누구일까? 과연 하나님은 오늘 우리 교회 안에 머물러 계실까? 아니면 영광의 보좌를 타고 혹시 교회 밖으로 이동하지는 않으셨을까?

60. 에스겔서를 흥미 있게 읽는 방법(2)

에스겔서 36장, 37장, 38-39장, 40-48장의 배열 또한 그 의미를 모르면 이 예언서를 읽는데 중요한 포인트를 놓치는 일이다. 36장은 "이스라엘의 산들"에 대한 신탁이다. "이스라엘의 산들"이란 말은 이스라엘의 영토를 지칭한다. 고대 이스라엘 백성이 처음부터 정착하여 살던 곳은 팔레스틴의 산간지대였다. 이곳은 가나안의 도시국가나 애굽 제국이 함부로 침범하지 못하던 장소였다. 그래서 이스라엘이 자연스레 정착이 용이하던 곳이었다. 따라서 "이스라엘의 산들"이란 언약백성이 그 누구의 간섭 없이 평화롭게 살던 약속의 땅을 상징한다. 이곳은 단지 이스라엘이 정착하였던 장소였을 뿐만 아니라 이스라엘 민족의 정체성을 고스란히 상징하였다. 다시 말해서 그곳을 지칭하는 까닭은 이스라엘이란 존재의 핵심을 가리키기 위함이다. 그리고 그 장소를 대표로 언급하는 이유는 그곳으로부터 명맥을 이어오는 민족 전체의 삶에 책임 있는 지도자들의 행태를 지적하기 위함이다.

37장은 마른 뼈가 가득한 골짜기에서 그 뼈들이 다시 살아나는 환상을 묘사한다. 이는 나라를 구성하기 위한 군대의 소생을 의미한다. 패망한 나라가 다시 일어서기 위해서는 영토와 군대가 필요한 일이기 때문이다. 38-39장은 마곡 땅에 있는 곡과 벌이는 최후의 전쟁을 묘사한다. 마곡이란 지명은 불가해한 것 같다. 이 세상에 없는 명칭이기 때문이다. 마곡은 비밀 언어에 속한다. 내부 구성원들만이 알아볼 수 있는 언어란 뜻이다. 마곡(magog)이란 단어는 바벨론 제국을 뜻한다. 히브리어는 본래 자음으로만 글자를 구성한다. 현재 단어의 철자 순서로 보아 m의 앞글자는 l이고 g의 앞글자는 b이다. 따라서 마곡이란 단어의 자음 m-g-g의 히브리어 바로 앞 철자 형태는 l-b-b이고 이를 거꾸로 읽으면 바벨이 된다. 즉 바벨론을 지칭하는 단어인 셈이다. 마곡의 곡과 벌이는 인류최후의 전쟁을 사실상 바벨론 제국과 벌이는 전쟁인 것이다. 바벨론 제국의 포로로 사는 유다민족에게는 제국의 전복을 이렇게밖에 표현할 수 없었던 것이다.

이어지는 40-48장은 성전 환상이다. 에스겔이 예루살렘 성전 제사장이었던 점을 기억한다면 세계의 중심이 성전이란 사실은 두말할 나위도 없다. 영토의 회복, 군대의 창설, 원수의 패망, 그리고 새로운 성전 조감도의 순서로 이어지는 에스겔서의 의도는 너무나 명백하다. 그는 지금 과거의 현실을 완전히 타개하고 새로운 세계의 건설을 그려나가고 있는 것이다. 이와 같은 구조는 사실 고대 세계의 신화(=옛 시대의 과학적 세계이해. 대표적으로 우가릿)에서 흔히 발견하는 세계 창설의 구조이다.

에스겔서는 지금 패망하여 포로로 사로잡힌 민족에게 새롭게 건설할 민족의 청사진을 제공하고 있는 것이다. 이를 결코 과거지사로만 치부하지 말자. 2008년을 보내고 2009년을 바라보는 시점에서 에스겔서의 가르침은 참으로 의미 있다. 완전히 새로운 세상에 대한 기대를 갖고 있기 때문이다. 교회의 영역과 존재 이유 그리고 그것이 가져야 마땅한 세상 속의 지도력, 그것이 극복해야 할 세상에 맞서 싸울 영적 군대의 창설, 그리고 완전히 새로워진 이상적인 교회(=성전) 구조의 조감도. 어느 것 하나 의미 없는 것이 없다. 특히 마른 뼈로 묘사된 영적 이스라엘의 소생은 더욱 오늘날의 교회에 의미가 있다. 현재의 교회가 골짜기에 가득 쌓인 마른 뼈와 같다는 메시지는 그 실감을 회피하기 어렵다. 여호와의 생기가 불어 넣어져야 군대로 소생하는 마른 뼈들. 하나님의 생기가 필요한 오늘의 교회 현실! 새해에는 하나님의 생명력이 교회마다 가득해서 뼈에 살이 붙고 힘줄이 생겨 근육이 드러나고 사람다운 모습을 갖추게 되듯이 그런 교회들이 계곡에 가득한 군대처럼 많아지기를 소망해본다. 그래서 악과 불의에 가득한 세상을 물리치고 하나님의 세계를 의연히 건설해가는 모습을 눈으로 볼 수 있기를 기대해본다. 성전 역할을 하는 교회의 내부구조가 건강해지고 건설적인 모습으로 환골탈태하는 것을 바라는 것은 두말할 나위 없다. 언젠가 한국교회와 강단의 문제점으로 교회론의 결핍을 지적하는 말을 들은 적 있다. 따라서 목회자들의 신선한 각성에 의하여 성서적인 교회론에 입각하여 건강하고 의미 있는 교회로 발돋움할 수 있는 새해가 되기를 간절히 기도해본다. 저 에스겔의 환상들이 실현되지 못한 예언이 아니고 꿈이 아니라 우리 교회와 민족의 현실 가운데 구체적으로 성취되는 환상이기를 바라마지 않는다.

61. 희망은 어디에서 오는가?

하나님의 백성 이스라엘이 깊고 깊은 절망과 시름 그리고 한숨뿐인 세월을 경험한 적이 두 번 있었다. 한 번은 애굽에서 히브리 사람이라는 이유로 강제노역에 차출되어 매일의 식량공급도 제대로 받지 못한 채 감당키 힘든 육체노동으로 혹사당하던 때였고 또 한 번은 예루살렘 성전은 파괴되고 유다 나라의 주권도 잃은 채 이방인의 나라에 강제로 끌려와 살던 때였다. 첫 번째 경험에는 어떤 희망도 가질 수조차 없는 상황에서 매일 육체적으로 그리고 정신적으로 당하는 극심한 압제 속에서 오로지 하나님께 부르짖을 수밖에 없었다. 두 번째 경험에는 육체적 속박감은 상대적으로 덜 했지만 정신적 상실감은 아주 컸다. 잃어버린 나라와 파괴된 성전 그리고 언약백성으로서 가졌던 고상한 자존감이 무참히 짓밟힌지라 이를 만회하기 위한 내적 투쟁은 전자의 경우보다 훨씬 치열했다. 구원에 대한 열망은 첫 경우에 비해 두 번째는 그리 뜨겁지 않았던 것 같다. 첫 번째 경우가 출애굽 사건의 배경이요 두 번째 경우는 바벨론 포로생활로부터 팔레스틴 땅으로 귀환하게 된 배경이다.

첫 번째 경우에 구원은 모세라는 지도자를 통하여 하나님이 주도하셨다. 두 번째 경우에도 역사의 주인이신 여호와 하나님이 주관하신 것으로 고백되는데, 페르시아의 왕 고레스가 바벨론 제국을 무너뜨리고 그동안 포로로 잡혀 온 유다 사람들은 고국 땅으로 귀환해도 좋다는 칙령을 반포함으로 발생하였다. 출애굽 사건은 하나님이 고난 받는 백성들의 아우성 대는 외침 소리를 듣고 하나님의 긍휼함이 발동하여 벌어진다. 바벨론 포로 귀환 사건은 출애굽 때와 같은 외침은 없었지만 하나님의 정의로운 통치에 대한 말없는 항변만이 가득했을 것이고 하나님은 이 포로민들의 소리 없는 외침에 정의롭게 응답하신 것이다. 출애굽 사건은 백성에 대한 하나님의 긍휼이 발동한 사건이요, 바벨론 포로에서 귀환 사건은 유다 포로민에 대해 하나님의 정의가 발동하여 일어난 사건이라고 말해도 좋을 것이다(페르시아가 구약역사 속에서 궁극적인 선으로 묘사되지 않는다는 점도 기억할 필요가 있다).

이 두 사건은 구약성서에서 한 쌍이 되어 일종의 신학적 패러다임과 기초를 제공한다. 둘은 구약성서에서 구원신학의 뼈대를 이루기까지 한다. 그러나 두 사건을 면밀히 들여다보면 약간씩 다른 면모를 찾아볼 수 있다. 출애굽 사건은 그 구원의 시점에 대해 어느 누구도 예측하기 어려운 세월을 보내야 했다. 모세가 아론과 함께 바로 앞에 등장해서 열 가지 재앙을 일으켰지만 백성들은 홍해를 안전히 건너 시내산에 도착할 때까지 그를 구원자로 100퍼센트 믿지 않았다. 그들에게 만일 출애굽의 희망을 품을 단서가 있었다면 그것은 아마 조상 아브라함, 이삭, 야곱에게 이루어주시겠다고 약속한 땅에 대한 어렴풋한 약속이었을 것이다. 그리고 하나님은 이들을 불쌍히 여기시고 그 약속을 기억하시어 구원 행동을 시작하시게 된 것이다(출 2:24).

바벨론 포로 귀환 사건은 이와 조금 다르다. 포로공동체는 하나님의 통치에 대한 실망감과 불신이 팽배해진 상태였다. 나라를 지켜주지도 않고 성전까지 파괴되도록 방치한 하나님을 어찌 신뢰할 수 있었겠는가? 그럼에도 불구하고 그들이 희망의 끈을 놓지 않을 수 있었던 이유가 있었다면 그것은 과연 무엇이었을까? 그들은 자기 나라가 패배하고 포로로 잡혀온 까닭이 하나님을 경외하지 않아서 받은 징계였다고 고백했다(사 40:2). 그들은 지금 징벌을 받고 있다는 것이다. 이처럼 현실을 왜곡하지 않고 제대로 파악한 이들에게 내려진 하나님의 조치는 무엇이었던가? 그것은 위로의 메시지였다!(사 40:1)

불쌍한 백성에게는 예전에 하신 약속의 말씀을 기억해내시고, 죄를 범한 백성에게는 그 죄를 깨닫고 뉘우칠 때까지 징벌을 받도록 내버려 두시는 분. 그가 우리가 믿는 하나님이시다. 구원을 주시는 분은 여호와 하나님이시다. 암담한 현실이 끝없이 계속된다고 해도 희망을 품어야 하는 까닭은 우리는 살아계신 하나님을 믿는 사람들이기 때문이다. 그러나 희망을 품어도 효력을 발생시키는 희망이 있고 그렇지 못한 희망이 있는 것 같다. 죄를 짓고 징계를 받고 있는 중이라면 아무리 구원의 희망을 품어본다 해도 구원이 손쉽게 경험되지 않을 것이다. 왜냐하면 하나님은 우리의 회개를 기대하고 계시기 때문이다.

최근 한국 교회의 어제와 오늘이 암담하다는 말을 한동안 들어왔다. 그리고 이런 현실을 타개할 구원, 즉 제 2의 종교개혁과 같은 사건이 벌어져야 한다는 말도 심심치 않게 듣는다. 그래서 묻는다. 2009년 새해 벽두에 우리가 품어야 할 희망은 무엇인가? 그것은 어디로서 오는가? 위에서 말한 구약성서 구원신학 중에 두 번째 사건과 그 결과에 입각하여 생각해보자. 혹시 한국교회는 지금 하나님의 엄중한 징벌을 받고 있는 것은 아닐까? 바벨론 제국에 사는 풍요로운 삶에 젖어 성서의 하나님이 원하시는 진실 되고 바른 삶을 외면하거나 무시하고 있는 것은 아닌가? 만일 우리가 바로 이 사실을 깨닫기만 한다면 그래서 우리의 소행을 온전히 회개하고 뉘우친다면 어쩌면 그 때에 비로소 위로하시는 하나님의 새로운 역사, 새로운 출애굽의 역사, 제 2의 종교개혁의 역사가 동터올 것이다.

성구 색인

“모든 지각에 뛰어난 하나님의 평강이 그리스도 예수 안에서
너희 마음과 생각을 지키시리라” 빌립보서 4장 7절.

구약성서와 오늘 I

지은이 우 택 주
발행인 이 형 원
초판발행 2009. 5. 15
2쇄발행 2017. 3. 30
등록번호 출판 제6호 (1979. 9. 22)
발행처 침례신학대학교 출판부
주소 대전광역시 유성구 하기동 산14 (305-358)
전화 (042)828-3255, 3257 / E-mail: public@kbtus.ac.kr
FAX (042)825-1354 / 홈페이지 http://www.kbtus.ac.kr

〈값 12,000원〉
ISBN 978-89-93630-06-0 04230
ISBN 978-89-93630-07-7 04230(세트)